高原小故宫·瞿昙寺

快读青海丛书

谢佐 谢宏虹 著

青海人民出版社

图书在版编目（CIP）数据

高原小故宫：瞿昙寺 / 谢佐，谢宏虹著 . -- 西宁：青海人民出版社，2017.12
（快读青海丛书）
ISBN 978-7-225-05495-7

Ⅰ. ①高… Ⅱ. ①谢… ②谢… Ⅲ. ①佛教—寺庙—介绍—海东市 Ⅳ. ① B947.244.4

中国版本图书馆 CIP 数据核字 (2018) 第 000040 号

快读青海丛书

高原小故宫·瞿昙寺

谢佐　谢宏虹　著

出 版 人　樊原成
出版发行　青海人民出版社有限责任公司
西宁市城西区五四西路 71 号　邮政编码：810023　电话：（0971）6143426（总编室）
发行热线　（0971）6143516 / 6137730
印　　刷　陕西龙山海天艺术印务有限公司
经　　销　新华书店
开　　本　889mm × 1194 mm　1/32
印　　张　5.25
字　　数　100 千
版　　次　2018 年 7 月第 1 版　2018 年 7 月第 1 次印刷
书　　号　ISBN 978-7-225-05495-7
定　　价　25.00 元

前　言

瞿昙寺是我国西北地区保存最完整的明代建筑群。这座被誉为高原小故宫的皇家寺院，历经六百余年的时代风雨，给人们留下诸多话题，诸如建文帝逃国之谜，瞿昙寺代辈宗教上层与明王朝最高统治者之间的关系，瞿昙寺藏传佛教文化与卓仓汉藏民众之间的关系等，值得地方史志界的学者们加以探究。

瞿昙寺现存的明代建筑艺术、壁画、匾额、碑刻，以及汉藏文典籍等，成为珍贵的瞿昙寺文化遗存。瞿昙寺周边的山川风貌、考古成果以及藏汉民间习俗等都值得关注。

这本小册子是笔者多年研究瞿昙寺及其卓仓地区文化方面的心得体会，谨供读者诸君参阅赏析。

第一辑　山川风貌

第二辑　考古遗存

第一辑 山川风貌

第一节 乐都南山的人文地理

一、山神桑朵和桑买的传说

乐都南山地区的山川风貌以南山积雪和药台流泉为标志。南山一带，山顶白雪终年不化，其中高店沟垴有阿耶桑买山，

与乐都北山的松花顶遥相呼应，民间寄予这两座山峰以人间的情怀，将它们比喻为夫妇，衍生出一段婚姻家庭的故事。藏语称松花顶（海拔 4 056 米）为桑朵。桑朵和桑买夫妇原本居住在乐都上北山，后来因琐事争吵，妻子桑买将一桶牛奶泼在了桑朵的头上，远远望去松花顶白雪覆盖，似是桑买泼洒的牛奶；当时正在鞣皮子的丈夫桑朵拾起木板在桑买的肩头打了一下，致使桑买左肩受伤，她一气之下离家出走，进入高店沟垴的马哈拉沟，他们的三个孩子也跟着阿耶桑买来到乐都南山，这就是靠近阿耶桑买的拉干驿的三座小山。拉干，藏语是大山的意思。拉干驿虽然地处大山深处，却是南山地区一座较大的山庄，原来古人选择通道要避开石峡要隘，河湟地区从兰州到西宁要避开八盘峡、老鸦峡、大峡和小峡，取道今天的炳灵寺、古鄯驿、瞿昙寺到拉干驿，顺马哈拉沟到平安驿（旧称平戎驿），再从平安驿到高原古城西宁。这是乐都南山地区自东向西的一条古道。

民间习惯上将乐都南山的瞿昙寺以西称作“上海子”，将瞿昙寺以东的山区称作“下海子”，中间有“尕海滩”。“海子”即小湖泊，自古山水相连，民间俗语“山有多高，水有多高”，又说“水往低处流”，远古时代乐都南山地区的许多小湖泊，随着气候变暖和地质变迁流失了，只有“上海子”“下海子”这样的地名流传至今。《乐都县志》记述的乐都南山藏族传说《桑买桑

朵》的故事中说:“很早很早以前，我们这里是一片汪洋大海石。”这是藏族对青藏高原隆起以前的口碑资料传承，其中关于山水的关系方面，卓仓藏族用民间想象中的天神、山神、水神解释地质水文变化。《乐都县志》记载的还有这样一段话：“山神们各占各的地盘，不管水神的处境，水实在没处去了，就去念青唐古拉处告状，念青唐古拉说：‘你们可以到东方去，西方是我的封地,没有你们立脚的地方。’水神说:‘我没有路从哪里走呢?你给我指条路我就走。’山神提上赶山鞭，领着水神来到了现在的老鸦峡。那时候的老鸦峡还是南北相连的，小山神们互相拥挤各不相让，念青唐古拉说：‘这里你俩离开一点儿，让水出去吧！’两个小山神还是不让路，气得念青唐古拉大怒，一鞭子打开了一个峡口，水就从这里流向东方。念青唐古拉为了使水不再西回，就在老鸦峡丢了一块镇水石，这就是现在人们叫‘中流砥柱’的那块石头。”这则有趣的传说，展示了卓仓藏族关于山水关系丰富的想象力。念青唐古拉是西藏自治区境内拉萨市以北 90 公里堆垅地方，地势由南向北进入藏北高原的一座著名雪峰，藏族心目中的“念青”就是大山神的意思。念青唐古拉山神一鞭子打开老鸦峡的传说，反映了卓仓藏族迁居乐都地区后将西藏的大山神崇拜和乐都的小山神崇拜相联系，加上他们的想象力，才演化成这样的神话传说。

二、山谷水文及其传说

从高店沟向东，有峰堆沟，其间还有小的沟汊如叶家沟、马哈拉沟、深沟，这些沟与两旁山庄相邻，依山处为了保持水土稳定，有护坡任由锦鸡儿（俗名毛儿刺）生长，村民们不许砍伐。即便村民们为烧煨柴禾匮乏所困，也要保护护坡的水土不致流失。

从峰堆沟到岗子沟垴的寺沟，也就是瞿昙寺所在的山沟，由于有“药台流泉”的水利，被称为“大水田地”的好地方。从上帐房村到瞿昙寺，有帐房垭豁引路，自西而东倾斜山径下到一条狭长的山谷，这就是挖隆沟，沟内有季节性涧水，出了沟，左首是紧挨瞿昙寺的马圈村。寺沟里的河水，自南向北注入碾伯大河（湟水），寺沟与岗子沟之间有一条石峡叫盛家峡（因上

峡口的盛家庄而得名）。瞿昙河与东侧的洛巴沟河水汇合后在峡谷间急湍而下，峡内奇崖怪岩，民间传闻当年鲁班“一印版子打开了峡门”，那印版子在峡内的一处山崖上清晰可辨，峡内还有十二生肖状的山岭地形呢。峡中间有名石矶子者，旧时代修了栈道。1958 年炸开石崖，现在一条从乐都区碾伯镇到化隆县巴燕镇的三级公路畅通无阻，昔日的行路难已成为历史的记忆，至今行人还可在公路西侧的山崖下看到一个又一个“金窑洞洞”，记载了旧时代淘金者的血泪。

三、淘金史中的沙娃恨

《乐都县志》记载了“三千寡妇吊孝”的口碑资料，反映了旧时代淘金者的悲惨遭遇：“从岗子沟一直向南，到那能口分成三岔，西岔可达瞿昙寺，中岔叫那能沟，也称那那沟，东岔叫洛巴沟，这三条沟都盛产沙金。但这里的山都是走山，容易滑坡、塌陷，淘金人都是豁上命干的。

“相传，明末清初时，从山西来了两个买卖人，看到这里有很多金子，非常眼红，于是，回家变卖家产，招股聚资，从山西、四川、青海西宁等地雇了大批沙娃到那能沟腰坡山开金场。

“一日天气晴朗，沙娃们在洞内掏沙，一个沙娃背沙出洞时，望见对面台子上一位红衣女乘白马来回奔驰，这人看了觉得奇怪，回洞后告诉大家，一部分沙娃出洞观看，还有很多沙娃在洞中继续挖沙金。此时突觉地动山摇，霎时间，整个腰坡山飞沙走石，尘土蔽日，方圆几十里摇摆不定。人们以为发生了地震，等到尘落风平时，才知腰坡山百亩之地下滑五六丈。除洞外的部分人幸免外，洞内的人葬身山底。

“这次死难多少人，众说纷纭，有人说几千，有人说上万，但这些不是确切数字。过了月余，上坟吊孝的人络绎不绝，据传，有人做了大概的统计，上坟吊孝的寡妇足有三千六百人。”

这则口碑资料的大概情节是基本可信的。沟名“那能”“洛巴”是藏语音译，“那能”是沼泽地垴的意思，“洛巴”是南面的意思。腰坡山，又名窑坡山，是密布金窑洞的山坡。山体下面被掏空，导致塌陷。沙娃，是青海方言对淘金者的称呼。这里的“娃”，

受藏语影响为指示代词，即淘沙金的人。山西的买卖人，指晋商，明末清初，晋商在青海河湟地区多有活动。西宁有“山陕会馆”，就是秦晋商家聚会的场所。旧时代金窑洞塌陷埋人是常有的事，可怜的沙娃们在金掌柜的监督下，从金窑洞往洞外背沙子，冬天农闲时沙娃背负滴水的沙子皮袋艰难地从洞口爬出，青海民谚说:“金场黄场，要命的阎王。”（黄场，指挖大黄的地方）1949 年后，《青海日报》曾开辟“沙娃恨”栏目，有许多作家曾著文回忆那段历史。至于乘白马的红衣女之说，那是乐都南山地区“四乡八堡”农民信奉的“福神”，据瞿昙镇磨台村已故的谢才华先生遗稿《耕余琐录》中转录的“瞿昙新城街福神庙匾文”记载:“盖自洪武开基，永乐周流至此，创建瞿昙寺居住。随请来宝贝佛祖一位，金光大菩萨一位，九天圣母福神娘娘一位，跟来佃户五十二名。将军民安住佃户庄，务农为业，伺候寺内大事。将金光佛祖请与佃户军供奉，以保吉祥风雨。而菩萨为慈悲之主，保吉祥而有余，挡风雨而就是不足。军户等请示与梅国师商议，换出福神佛像，菩萨仍请进寺内，于是军等公议，福神供在人家不便，我等五十二名人单薄，请来各庄众姓商议，盖神道无私。我大众举起功德，建修庙宇于下山根……”

瞿昙寺建寺之初，明廷派五十二员旗军护寺，这些旗军定居瞿昙寺北侧的佃户村，务农为生，兼护寺，“伺候寺内大事”。一方面迫于生计，在冰雹频仍的乐都南山，务农为生的军户们想得到神佛的护佑，希望风调雨顺、五谷丰登；另一方面跟随从家乡南方而来的“九天圣母福神娘娘”，这是民间宗教信仰者的心理需求。其后代辈相传的农民们，每遇危难之际，都要求

助于神佛护佑。于是在上述的“三千寡妇吊孝”的口碑资料中，有了“一位红衣女乘白马来回奔驰”之说，因这位福神传说着红袍乘白马，人有危难即来护佑云。

历史上沙娃淘金的悲惨遭遇是一部血泪史。盛家峡下峡口处进峡不远的西侧有一条直通峰堆沟的山谷名叫“老戴沟”，据民间传说，民国年间有一个姓戴的金掌柜，于腊月间到西宁用沙娃们挖的沙金兑换银元，准备给沙娃们发薪金好过春节。那老戴兑换银元时就有二人跟踪，老戴骑马驮着银元，从西宁回到碾伯镇，等抽足大烟，天色已近黄昏，他自然不知险情，等骑马走到盛家峡那条山谷的谷口时，突然跳出两个大汉，将他拉下马来，“压在大石头上大宰下了”，那二人杀死老戴后牵马从山谷遁去，后来人们就将那条山谷叫“老戴沟”。可怜的沙娃们辛劳了一年，分文未得，不知怎样过年哩！

四、天池、雪蛙及图腾崇拜

站在瞿昙寺的靠山，即寺坡顶上，放眼南山，一带银屏，山势各异；自西向东，有阿耶桑买背水之象，即山间遥浮几朵白云，民间以为降雨之兆；磨儿山形若蘑菇，又着青色将军帽，或可写作帽儿山。三道山形似笔架，或谓三道山山顶有天池，内有蟾蜍“尕簸箕大”，藏医称作雪蛙者，农民以为“三道山的妖云”是这种巨蛙所为,是下冰雹之兆。实际上从远古时代开始，历代先民都有蛙图腾崇拜。乐都柳湾彩陶器上多有蛙纹（或作拟蛙纹、人形蛙纹），昆仑神话故事中有女娲氏炼五色石补天和抟土造人之说。女娲的“娲”同“蛙”和“娃”都是汉语一音之转。女娲娘娘后来成为中华民族人祖崇拜的对象，与她抟土造人的传说有关。而炼五色石补天之说，笔者以为与青藏高原隆起过程中的地震与火山喷发等地质灾难有关。瞿昙寺沟垴有一座马阴山（乐都方言称作马延山），海拔 4 303 米，那是历史上隋炀帝西巡时设 200 里围场的拔延山。隋朝的这位末代皇帝御驾亲征，是为了与吐谷浑争夺丝绸之路上的商贸利益而来。20 万大军浩浩荡荡，隋炀帝在今天的乐都地区逗留，让他的军士在拔延山设围场狩猎，成为历史上君王在青海河湟地区破坏生态环境的首例。吐谷浑王室成员属鲜卑白部，“拔延”一词是鲜卑语无疑，保留在蒙古语中，意为富饶。这座昔日富饶的山峰，有一条通往化隆县境的垭豁，垭豁西侧的山坡有从火山口喷溢的泥石流痕迹，据当地牧民的传说，那山顶时有“一磨沟大的洪水流出”。相信火山口当时还有微弱的活动。由此联想到瞿昙寺河滩上到处可见“五色石”，应该是远古时代火山岩浆冷却凝固后的产物，只是古人用神话的方式想象女娲炼五色石补天，由此生发出许许多多的石文化成果。从三道山的天池到马阴山的火山口，是值得地质工作者考察一番的。马阴山垭豁之西，有一条从瞿昙寺到化隆县境内的昂思多的古代商道。商道经过的垭豁当地称作存安垭豁。存安，藏语音译，意为商道。翻越垭豁，

有地名称作花石崖，自古有许多经商者通过垭豁到黄河南岸等地经商，经过今天的尖扎、同仁、泽库乃至河南蒙旗，甚至到川西北地区。

马阴山之东还有一处通往化隆县境的山口名叫渴欠垭豁。渴欠，藏语音译，意为大垭豁。乐都南山的渴欠垭豁、北山的松树垭豁，都是有名的艰险山口。尽管南山积雪下有茂密的云杉林，南山脚下沟壑纵横，村落鳞次栉比，先民们耕牧其间，山间除了松柏外，还有冬青（大叶杜鹃）、香柴（小叶杜鹃）、黄刺、黑刺（沙棘）、柳梢、鞭麻（金露梅、银露梅）等灌木丛覆盖大地；山林中生长着雪莲、冬虫夏草、贯众、独活、羌活，一进入夏日的山林，便有一股药味扑鼻而来。林间山崖，鹿獐、岩羊鸣叫，加上清泉流水，在今天看来，大自然赋予这里的一切，显得那样诗情画意，令人陶醉。可在旧时代的渴欠垭豁，却充满了艰难险阻。旅途艰难，可总有行人。高海拔山峦自北向南缓坡升高，道路越显陡峭，行人一怕“着烟瘴”，二怕遇强盗。烟瘴是一种高山反应，行走在海拔3000米—4000米的山路上，行人感到心慌气促、胸闷头晕，说是“着了烟瘴”。可通往渴欠垭豁山路迢迢，一步步登上二台、猪尾巴岭盖、石巷子这样的地方才能到达山风猎猎的垭豁口。就在通往渴欠垭豁的半山腰处，有一处突兀的山梁名叫架梁嘴，做剪径勾当的强盗大多隐蔽在架梁嘴窥探行人，抢夺其财物马匹，强盗们在架梁嘴以逸待劳，打劫已是精疲力竭的行人，结束了多少人的身家性命，谁人知晓！也有稍存良心的

强盗，将行人的财物洗劫一空后，临走时将受害者捆绑在大树上，任由他大喊救命。老人们说，为了避免被强盗打劫，通往渴欠垭豁者结伴而行，年轻人手持棍棒在前面开路，妇女、儿童、老人殿后，路遇行人，从远处打听来者是好人还是坏人，若是好人互通前途是否平安，若是坏人则准备械斗。那种行路难的日子，在今天交通便利、以车代步的时代，对“蜀道难，难于上青天”的艰难岁月，少有感同身受了。

三道山、磨儿山以东便是花抱山、尕长峡山，前者海拔 4223 米，后者海拔 4484 米，花抱山终年积雪不化，碾伯的文人墨客遥望花抱山的积雪，将之列为碾伯八景之一“南山积雪”，清乾隆年间的碾伯诗人吴栻（1740—1803），曾以《南山积雪》为题，赋七律诗一首，他写道：

皎洁凌空似玉山，
深秋常见羽人还。
高低望处峰千叠，
远近看来月一弯。

影射长天迷素鹤，
光浮浅水失群鹇。
堪将此地千峰雪，
置向巴陵伯仲间。

第二节 瞿昙八景

瞿昙寺周边的自然地理环境中较具盛名者，为瞿昙八景。

一、南山积雪

清代碾伯诗人吴栻形容“南山积雪”是“皎洁凌空似玉山”，终年积雪不化，便给人以积雪凝玉的感觉。尤其从川水地带的碾伯向南望去，南山一带银屏，在晴空下雪山傲然屹立，南山积雪展示给人们的是高洁似白玉，深秋时节飘飘洒洒如羽人、似玉龙，飞雪润泽高山峡谷之间，古人将生活于高海拔地区的珍稀动物命名为雪狮、雪豹、雪鸡、雪蛙等，并给予圣洁的光环。

若身临其境，却是别一番感受，特别是历史上的穷苦老百姓，迫于生计，寒冬腊月奔走于雪山峡谷之间，有皮袄御寒者尚可免于冻僵，衣单者往往拼命奔忙热身。藏族谚语有“饥饿赶我出门，寒风逼我回家”，就是贫困者迫于生计奔走于雪山之间的真实写照。

时代不同了，现在在南山积雪之下，新建了滑雪场，外来的游客们以滑雪为乐，又是一番愉悦的心境了。

二、药台流泉

药台者，药草台地名的缩写，作为碾伯古八景之一，“药台流泉”带给人们的是各类药草和润泽药草的清泉流水。

药草台及其周边山林中除了比较名贵的药材，如冬虫夏草、鹿茸、麝香之外，最普遍而又药性十足的是羌活。羌活、独活是在青藏高原紫外线光照强、早晚温差大的自然环境中生长的，先民们发现将这两味药材经过配比后可使患者起死回生，所以

药之贵重不在珍稀，而在于对症下药，使患者康复。青海省东部农业区的垴山地带，农牧民用青稞、豌豆酿制酩馏酒，适当加入羌活，这种酒后味微苦，却能驱寒活络，再加上药草台的清泉水，更是别具风味，有诗曰：

药草台下古石泉，
一练清流走瞿昙；
堪夸羌活配酩馏，
健步如飞过南山。

三、三道文峰

三道山高耸平稳，形似笔架，颇具文风。远古时期的造山运动之初，天公有意刻划三道竖直山梁，预示着乐都以文化取胜。乐都被誉为文化县，民间以供养儿女读书为荣，做父母者再困难也要供子女上学。瞿昙寺完全小学旧址就在关帝庙内，改庙门为校门，改厢廊为教室，只留大殿内的关羽、关平、周仓塑像，校门影壁书“尊师爱生”四个大字。小学生六年级毕业时，学校将毕业生的成绩张榜公布，刊于榜首者“状元”，“解元”次之；榜末者称为“揹榜”，倒数第二谓之“扶榜”。毕业典礼后，亲戚朋友、邻里庄员纷纷祝贺“搭红”，人们将小学毕业生称为“先生出来了”，有的家长将“先生”扶上马走一程，让乡亲们看一看荣耀。

三道文峰居高临下，看万千学子代代走出校门，走向社会，或文或武，或深造，或仍在农村“耕读传家”，做一个有学问的

农民，此情此景难为喻者，有诗曰：

三道文峰做笔架，
天池当砚试高下；
好山好水看不厌，
倾尽胸量难为画。

四、凤凰展翅

瞿昙寺斜对面有山势如“凤凰单展翅”者，每日黄昏落日夕照，金色映山，从瞿昙寺寺坡望去，给人以“凤凰来仪”的印象。瞿昙寺开创者三罗喇嘛当年带领一应随从为卓仓家族寻觅新的立足点，在瞿昙寺现址的一池清泉边饮马，将马鞭遗留在水池边，回头寻找马鞭再一次来到清泉边，发现周边环境“相地而势”，竟然有“佛凤虎之势”，遂决定就此地为居，建佛堂“以居其众”,《西宁府新志》记载“西宁番僧饮马遗其鞭”的史话，就发生在瞿昙寺现址。

瞿昙寺对面靠近斜沟河滩的山顶形似凤凰单展翅，村民们称该山为漫洼顶，那里曾经是旱作农业之地，每

当“秋老虎”的季节，漫洼顶也是秋收拔田之时，因旱地庄稼长势低矮，又是斜坡，农民们用双手拔出庄稼，或山麦或玉麦，骄阳似火，拔田人口干舌燥，无处解渴，他们哪里知道自己身处火凤凰的脊梁上，民谚云：“田怕秋里旱，人怕老来难。”

凤凰，是中华民族的鸟图腾崇拜，人们往往将之与龙图腾崇拜相提并论，以“龙凤呈祥”为乐事。看山形，形如凤凰单展翅，先民们心目中便充满了对生活的无限憧憬，有诗曰：

漫洼顶上凤凰游，
千年沧桑胸中留；
阅尽人间多少事，
一睹山色解百愁。

五、弥勒望河

瞿昙寺正对面的山峰酷似汉传佛教的弥勒佛形象。古人根据浙江奉先一位游方和尚临终前说他是弥勒佛转世，于是大肚和尚手持布袋，笑口常开，成为内地佛寺弥勒佛的造像依据。历代文人以布袋和尚“笑口常开，笑世上可笑之事；大肚容人，容天下难容之人”来形容未来佛在人间的作为。

这座形似弥勒佛的山前是瞿昙河水急急忙忙向北流去，在碾伯汇入湟水，民间称为碾伯大河。湟水向东流到河口，汇入黄河。这之前在民和享堂口容纳大通河。黄河、湟水、大通河“三河间”，史称“河湟”。“弥勒望河”是藏语“贤巴曲搜”的译文含义，相当于汉传佛教的“水月观音”。藏传佛教的弥勒佛形象

高大而又肃穆庄严，拉萨藏语方言称作“强巴”。当年三罗喇嘛“相地而势”中所说的“佛凤虎之势”，其中的佛便是强巴佛了。感于此，有诗曰：

西部高僧讲佛缘，
偏教饮马遗其鞭；
弥勒望河开笑口，
一座佛堂千百年。

六、青龙垂首

瞿昙寺前有照山，山势如佛；后有靠山，形似垂首龙头，龙身蜿蜒向北。龙首两侧两条山沟为龙须沟。左侧山沟称消石槽沟，右侧山沟称享堂沟。古人勘舆之说，讲求“左青龙，右白虎”，中华民族自称为“龙的传人”，龙可潜渊，亦可腾云，可以为人间布雨，又可使洪涝成灾。古人修建龙王庙，供奉四海龙王，想象龙宫之珍宝难以言表，但求风调雨顺、人寿年丰。

消石槽沟的北侧即龙身之下，有“石垒碑”者，民间传闻的修建瞿昙寺而累死的工匠们长眠之地，老人们口耳相传：修建瞿昙寺工程浩大，全凭民工苦力，诸如隆国殿前的红砂石栏杆、御碑亭中的高大石碑、后钟鼓楼中的青铜巨钟，据说当年是用“土拥钟”的办法将巨钟悬挂上去后再取土建楼的。瞿昙寺寺僧每逢节庆时，都要到“石垒碑”上浇石灰水以作纪念，现已淡忘了。有诗曰：

青龙垂首做靠山，

皇家建成隆国殿；

工程浩大难为喻，

苦死百姓千千万！

七、白虎啸山

瞿昙寺右侧（南面），相隔一条享堂沟，民间称作尕寺坡者，山形似一只上山猛虎，当年三罗喇嘛一行踏勘山川风貌，认为有“佛凤虎之势”者，即“白虎啸山”之景也。

白虎为稀有虎种，民间少见而视为神物。一般认为老虎是镇山之王，画一幅上山老虎的作品挂在家中，作镇宅之用。可见人与老虎的关系：一面怕猛虎伤人，另一面又借虎之势护佑

人身，所以社会上有人做驯虎师，进入杂技表演行业。

从青海现存的地名看，历史上曾有老虎生存，如乐都南山有虎狼沟，发现沟垴有合抱之木埋于土中，说明曾有茂林。乐都与化隆一山之隔，化隆有地名“德愫隆”，藏语音译，是“老虎沟”的意思；化隆夏琼寺之北，有地名“德夏日尼哈”，也是藏语音译，意为“老虎出没的垭豁”。这些地方恰恰又是当年隋炀帝西巡时在拔延山设二百里围猎的山脉，千余年的沧桑之变，仅留下地名为证也。有诗曰：

青龙护卫虎啸山，
白云悠悠亿万年；
相地而势成人文，
信由香火供寺院。

八、将军把关

瞿昙寺之北有地名盛家峡门，石崖东立，正应了“将军把关”之势。石崖之南，红土成山，山下村庄名为红庄子，历史上曾发生山体滑坡。沿红土山路往东南方向走去，可到乐都南山地区的干沟山，顾名思义，干沟山因缺水而得名。那里十年九旱，农民们靠天吃饭，为水所困。常年吃窖水，一户人家打一眼水窖，便是因水富有。水窖之水靠天公下雨，因以水为贵，平时打完水，即加锁窖盖。现在干沟山之南，有大石滩水库，干沟山的农民们也吃上自来水了。

1979 年，盛家峡门采取定向爆破的方法，从石崖处炸山，巨石飞堵峡门，形成一泓水库，水容量不大，时蓄时漏。石峡内有周官坟，传闻因历史上一位姓周的当官者埋葬于此而得名。峡长九公里，有石矶于，下峡门，石板顶，峡底有瞿昙沟的河水湍急而下，峡两侧东山石崖陡立，西山沟壑纵深，也为干旱所困。传闻有一位牧羊老人，能在西山寻得泉眼，被誉为“神仙爷爷”，传为佳话。有诗曰：

天公有为石门开，
溪水清流滚滚来；
不解西山干旱苦，
只望水德神仙才。

第三节 村落古韵

从盛家峡门往南而行，正南方向为寺沟，山沟因瞿昙寺而得名。据明永乐十六年御制碑文所记，这条山谷名为“迦伴虎蓝满都儿都”，应是元代蒙古族命名的地名。

从盛家峡门往东南而行，又一条山沟为洛巴沟，“洛巴”，藏语音译，意为“南面”。这条山沟直通大麦沟，翻馒头山而达桃红营。

山谷间村落节次相连，溯河而上，随着明代“移民实边”之策，江淮地区人口稍密，遂因种种原由迁徙而来，世代定居于此。

一、大树庄因大树而命名

藏文史籍《安多政教史》中记载今瞿昙寺现址附近有“香欠日卓”，意为“大树山谷”，说明当时有巨大林木。当地民间传闻，修建瞿昙寺的木材都是“本山木”，明代初年为修瞿昙寺不知砍伐了多少林木呢!

今平安区境内沙沟乡下有一则传说：当年修建瞿昙寺时，有皇家使者四处寻求“说话木”。今沙沟有老虎沟，当年时有老

虎出没。有一天一个樵夫上山砍柴，恰遇老虎出沟，正当樵夫无处躲藏之际，有一棵巨大的树木突然对樵夫说 :“快躲到我身后，老虎看不到你。”于是，樵夫躲过了一劫。临了“说话木”告诫樵夫 :“不要对任何人说我会说话，不然，我要你以命偿还我对你的救命之恩。”樵夫应诺。不久，樵夫看到皇家布告，说有谁知道“说话木”必有重赏。樵夫心动，禁不住金钱诱惑，上前揭下告示，然后带领官兵指认“说话木”。“说话木”被伐而起运，由于树身巨大且长，遂将运往瞿昙寺现址的路修成“之”字形。众人将“说话木”运到一巨石前时，“说话木”止而不前并发话 :“我要看一看樵夫的心才会前往建寺。”官兵们将樵夫开膛取心，将其心置于巨石之上，该巨石后来人称“献心石”，至今仍在。民间传闻，“献心石”跟前的人家想移石而居，结果火烧居屋作罢论。

瞿昙寺隆国殿宏大壮丽，双檐耸立于平台之上，据瞿昙寺隔壁村庄一位当年与瞿昙寺居巴佛幼年相识的老人回顾，隆国殿双檐间有巨梁南北横搁。今天的平安人说，每逢“说话木”家乡的乡亲到大殿上香膜拜时，有泪滴从天花板缝隙中滴下，那是“说话木”伤心的泪水呀！

二、台上村落居高临水

溯瞿昙河水而南，河之东有村名徐家台，河之西有村名吴家台。徐家台，因徐氏家族最早驻足台地而得名，后来其他姓氏也有搬住该村者，但仍以徐姓人家为主。随着岁月之变迁，村民们贫富不一，同姓人家之间出现矛盾纠纷。据调查，有的徐姓人在本村难以维持生计者，也曾背井离乡，远走他乡谋生，在外乡聊以糊口或另创基业得以扎根后，又回徐家台祭祖，续修族谱，寻根问祖，人之常情。

吴家台，因吴氏家族最早驻足河西台地而得名。吴家台村出了一位教育工作者吴惠然先生，曾担任瞿昙寺完全小学校长、乐都中学语文教师，后来辞职回吴家台，晚年著书立说，曾出版文集。先生收集整理的民间故事《柴三斤苦缴军柴马草》，反映了民国时期乐都南山地区贫苦农民为缴纳军粮柴草，被乐都县城大营盘和祁家衙门的兵痞军需打骂欺凌，柴三斤泪如泉涌，临逢同村祁明智等人，在柴三斤欲寻短见时劝慰柴三斤，见其所缴柴草条子，发现文盲军需误记柴草数目，柴三斤虽挨责打，却缴清了全村的军柴马草。吴惠然先生整理的这则故事反映了

民国时期乐都南山地区贫苦农民们被官府盘剥压榨的状况，吴先生寄予了深切的同情。吴先生整理的《咽柴叹》，记载了《聊斋志异》般的人狐情感纠葛，读后值得回味。吴惠然先生虽然与世长辞，他的遗作却仍在教育读者如何做人。

瞿昙寺对面的磨台村，虽然坐落在台地上，却因村前曾建有一溜儿水磨房而得名。村庄以谢氏、李氏人家居多，又分上磨台、中磨台、下磨台三部分。村前的水磨房为加工粮食而建，又有磨沟、磨槽、磨轮、磨扇、磨斗等设施，经营管理磨房的人被称作磨主子，各地送到磨房等待加工的粮食称作磨务。磨主子根据加工粮食多少收取一定面粉，人们将其称作“打课”。水磨房附近设有油坊，为加工油菜籽而设，称作榨油，油渣称为麻渣。到油坊水磨加工农作物要按次序进行，民间俗语：“油坊水磨，前来后到。”

历史上农民们

靠耕种粮食生活，土地是农民赖以生存的根本。那些无地或少地的农民，男人们要去给地主做长短工，女人们除了家务活，榨油饼、拌凉面，还要到各水磨房换面粉，乡下称这种饮食生意为“转磨道子”。现在，这种加工磨务的方式已不复存在，对农家生活的回顾与展望，在今天的乡村旅游中初见端倪，人们重建油坊水磨让游客领略乡村古韵。

药草台，在瞿昙寺南面约五公里处，明万历年间建有瞿昙寺下院，即药草台寺。药草台因山林多有药草而得名，附近有茂密的森林，当地称大林廓、尕林廓。附近的农民们曾经为生火做饭到森林里砍柴禾，寺僧们管理森林，不让砍伐林木，由此发生僧俗矛盾。进山砍柴的农民，有牲口则驮柴，没牲口则背柴。天不亮即动身进山，带上绳索、柴镰，行走十多里路，一般砍伐灌木，如香柴（小叶杜鹃）、黄刺、柳梢、冬青（大叶杜鹃）等。有一种柴禾称“兔儿条”，条杆可做筷子；还有一种柴禾称“毛儿刺”（学名锦鸡儿），民间俗语称，“毛儿刺姊妹多，一个不着九个着”，点火做饭，一点即着火。现在的农民用电，用沼气，森林得到管护，生态环境大为改善。浅山地区过去扫树叶、刷末末子、挖蒿疙瘩当柴禾，那种“拉羊皮不沾草”的光景一去不复返了。

三、寺周村落称新联

瞿昙寺周边有几处村落历史悠久，几乎与瞿昙寺同时代，即于明代初期形成。瞿昙寺左侧的古村落称作新城街，是一座古城堡，曾有上城门、下城门、新城门，村庄布局中街、下街，有关帝庙（后做学堂）、福神庙（供奉九天圣母、金山圣母）。

城堡人家房连房，曾有山陕商人开设商号，取名“诚信和”。在物资匮乏的年代，商号经营青盐、茶叶、火柴、毛蓝布、白大布，后来又有煤油、针头线脑等，为农民所需。

山陕商人在当地经商的同时，将中原地区的传统文化加以传播，首先在新城街教村民们唱眉户戏，当地称眉户戏为“小戏”。每逢农历六月十五日在上城门戏台请甘肃苦水或乐都南山拉干驿的戏班子（民间又称皮鞋班子）唱秦腔，当地称作“大戏”。传统眉户剧目有《三娘教子》《落碗记》《上天保顶砖》《老换少》《花厅相会》等，这些剧目一般在春节玩社火期间演出，正月初八晚间在本村演出眉户剧《天官赐福》，村民扮演“福禄寿三星”，还有《刘海出台撒“金钱”》，是一场吉祥祝福的剧目；正月十五日晚演出《瞎子观灯》，是一出滑稽剧目。村民们在演出眉户戏时也有创新之处，甚至用当地方言念白，与村民同乐。1949年后，村民们开始演新剧，如《兄妹开荒》《小二黑结婚》等。

瞿昙寺右侧（南面）是马圈村，因历史上曾是瞿昙寺马厩所在地而得名；新城街北面是佃户村，历史上曾是瞿昙寺护寺军户居住地，后成佃农，故名。1949年后，将新城街、马圈、

佃户三个自然村联合成立行政村，称作新联村。从此，新联村村民们走上了阳关大道。

四、衙门家与新庄子

瞿昙寺在历史的演进中形成了较为雄厚的寺院经济，宗教上层从信奉藏传佛教噶举派改宗格鲁派后，有三大活佛转世系统，由寺主梅氏家族出任管家，世称衙门家。因南山七条沟的老百姓给寺院纳粮送草，供养寺僧，直至清雍正元年蒙古族上

层罗卜藏丹津反清事件后，才改为官府核准寺僧开支，老百姓向官府纳粮送草。衙门家的权势从此中落，一部分梅氏家族成员在上磨台定居务农，称作新庄子。后来新庄子的藏族人家除了梅家，还有刁家等，他们和磨台子、新联村的村民们和睦相处，往来密切。

衙门家立姓梅氏家族是因为瞿昙寺开创者三罗喇嘛祖籍在今西藏山南卓垅，卓垅意为麦谷，在汉文中“麦”与“梅”谐音，于是立姓为梅。梅氏家族在明代社会地位显赫，代辈宗教上层受到明王朝封赐，在寺院经济的管理方面也曾权重一时，所以老百姓称之为“衙门家”。清代受罗卜藏丹津事件影响，瞿昙寺上层受到牵连，寺主宗哲藏卜被拘留到兰州坐了七年牢，其后瞿昙寺下院药草台寺大径头苍拉曲他等和主寺争夺寺院产权，以至于诉讼到官府。梅氏家族在新庄子的后裔保存了一册清顺治八年（1651）的手抄本《贡节奉敕谕代辈相传亲供底册》，这本底册不仅加盖了瞿昙寺明代皇家颁发的三枚图章印鉴，而且对瞿昙寺历代僧职传承体系做了详尽记载，是研究瞿昙寺历史沿革不可多得的信史古籍。

五、朗营、角营、尕巴营

朗营、角营、尕巴营都是汉藏合璧的村庄名称。“营”是清代对基层村落的编制命名，朗营，“朗”是藏族历史上大的族姓，称为“朗仓”，《格萨尔王传》中称格萨尔出身岭国，“朗”和“岭”是藏语一音之转，根据方言拼写出的汉文，是藏文同一个字的不同译音名。

角营，“角”是藏语“佛”的意思。角营村附近的一条山谷间的半山坡上有洞穴，民间称作官隆古洞。“官隆”是藏语音译，意为“寺沟”，与角营村相邻的村庄称作官隆湾。官隆古洞是当年三罗喇嘛修行的山洞，就在官隆湾村后面一条狭窄而又僻静的山谷中的半山崖上，远远望去，悬崖古洞，天然生成。

官隆古洞，因是三罗喇嘛的修炼地而出名。三罗喇嘛早年在青海湖海心山长期修行，移居瞿昙寺现址后，仍以修炼为本。他的追随者们为此称誉他和他的学生为“岩师徒”。后来乐都的一些文人将官隆古洞和三罗喇嘛居身修炼的另外两个古洞——隆国洞和莲花洞，统称为瞿昙三洞，作为乐都十二景之一，传为美谈。

关于瞿昙三洞，《西宁府新志》有这样的记载：

在县西三十二里山半，俗谓之马圈沟山。绝壁无阶，瞿昙寺僧凿石盘折而上，下临瞿昙河，北流注于湟水。沿河有高柳四十余株，鸟声断续。炎夏至此，冷然善也。

又，慕少堂在他的《乐都县风土概况调查录大纲》“岩洞矶石”条下载：“邑南乡有三洞，深不可探，素称为瞿昙三洞。”

当然，无论从哪个意义上讲，官隆古洞都为三洞之冠。笔者曾攀登该洞，先后做过两次实地踏勘。

官隆古洞比一间房子稍大一点儿，坐西面东。洞口砌起一堵土墙，抹以草泥，不知何年所为。洞壁为砂石层，大约为防砂石剥落，也抹以红泥。洞壁间有凹形台龛，是置物、供佛处还是另有他用，亦不得知。出洞门，人在半山中，极目远眺，青山、村落尽在苍茫中。洞周野葱花开，点点红绒；足下峭壁千仞，莫敢俯视。

洞左首有一箭之地，是半崖上人工开凿的道路，约三尺宽。再往左，路被山洪冲断，形成崖坎。自崖坎再往左，一条水平线上又有石洞，陡不可攀，当地群众叫做厨房子，大约是古代修行者们打火做饭之地。想那600多年前厨房子与古洞之间必有路相通，只是后来被水冲断了。三罗喇嘛选择这座山为修炼地，是因为它山势陡峭，又避风、向阳。官隆古洞现已成为荒山陡坡中的悬崖古洞，已被人们所遗忘，但是600多年前由于

三罗喇嘛受到明王朝的推崇，永乐六年立的《皇帝敕谕碑》中记有“听从本僧自在修行”，清顺治八年梅氏家族珍藏手抄本中又有“钦赐先祖桑儿加查实高僧从便修行不许土官军民人等侮慢欺凌”的追溯。可以想见，在三罗喇嘛晚年及其圆寂后的很长一段时间内，官隆古洞着实兴旺了一阵子；从官隆古洞一条水平线看过去，北面山坡的悬崖间黏土层和砂石层相间的地方，还有几处人工凿开的洞穴痕迹，说明后来者屡有修行之举。

那么,慕少堂所说的瞿昙三洞“深不可探”者,指何而言呢?官隆古洞并没有深不可探的地方。据说，瞿昙三洞之一的隆国洞现已垒闭，可能因为深而险之旅。据当地群众说，紧靠瞿昙寺一个名叫刘家湾的村子里，有一户袁姓人家，他家靠近山崖的园子里有山洞，的确深不可探。早年洞口有门有锁，后来因山崖上的土砂流失掩埋了洞口。这些因为没有亲眼查看，聊当传闻，记于此，谨供有兴趣者参考。在中国佛教史上，除修建寺庙塔殿之外，佛教徒们曾多利用自然洞窟，稍加雕凿，即成栖身之地，称为佛窟。瞿昙三洞也在此列。

官隆古洞现在已成了鸟雀的“安乐窝”，成群的野鸽子在天空中盘旋，山坡上还有一种名叫半翅子的鸟儿也在“嘎啦嘎啦”地叫着。站在古洞口，不禁陷入深思：当年三罗喇嘛究竟是怎样修炼的呢？是什么信念驱使他过那种苦行僧的生活呢？

佛教总的有大乘、小乘之别。所谓“乘”者，指运载工具，比如舟楫。佛教徒把人类世界看成是一片苦海汪洋，生老病死、天灾人祸等，都是人类之苦。三罗喇嘛们苦行修炼的目的，自然是想从人世间的种种苦恼中得到解脱，用佛教徒们的话说，得到解脱的办法就是搭乘舟楫，渡过一片苦海到达那“智慧的彼岸”，佛教徒所说的“彼岸”就是他们心目中的“极乐世界”。

去那“极乐世界”而搭乘的舟楫，有大有小，有的是独木舟，有的是众人船。传入我国藏区的是大乘佛教，自称是“普度众生”的，那就是众人之舟了。传入我国内地的佛教也属大乘佛教，所以明永乐皇帝在《瞿昙寺金佛像碑》的碑文中说佛教旨在“慈悲万有，悯济三途，作大方便”，夸它“为苦海之舟梁，幽冥之日月”。明成祖做这种宣传是在永乐十六年(1418)三月初一，距三罗喇嘛去世只有四年时间，说明三罗喇嘛及其后传弟子们的

宗教主张是得到明王朝最高统治者支持的。

大乘佛教在藏区的不同传播时期有“前弘期”和“后弘期”之称。“前弘期”是佛教在藏区的初传阶段，与吐蕃王朝相始终，历时 200 年；“后弘期”是佛教在藏区的复兴阶段，藏区佛教史通常把公元 11 世纪初佛教再度在藏区的传播称为“后弘期”的开始。三罗喇嘛们在官隆古洞修行并有“岩师徒”之称的时期，距“后弘期”的开始只有二三百年时间，正是藏区佛教流派纷起的时候，当时比较大的流派有萨迦派、宁玛派、噶当派和噶举派等，这些流派的后面差不多都有地方势力做支撑。在理论体系上这些大的流派互相影响。大乘佛教有两大理论体系，就是显宗和密宗，三罗喇嘛当时是噶举派僧人，所奉行的是密宗

的修炼方法，是为了达到“即身成佛”的目的。他的后面除了梅氏家族的支持外，明王朝也采取“因俗以治”的方略，任其自便。宣德二年明宣宗赐给三罗喇嘛亲传弟子绰失吉领占以“真修无碍”象牙图章就是一例。

密宗在传授时多用“独授”的办法，一般是“面授机宜”，不做扩大宣传。我们从后来在藏区兴起的格鲁派僧侣文人对以前各流派的批评中，了解到一点儿三罗喇嘛们的修炼内容。格鲁派主张显密合修，先显后密，对禅定时的思想方法（意念）有不同理解。清代青海著名藏族学者土观曲吉尼玛在他的《诸派源流品鉴》一书中指出，格鲁派以前的藏区佛教诸派多受到内地和尚们的影响，在修炼时多采用“空空如也”的禅定内容，他批评说：“藏区的大部分流派，对于经律藏的传授只求片面理解，处于师道不兴的境地而仅仅去追求气血丹田之功，只是想运用心性毕见之法去求解脱，因此，修行不全面，虽自鸣得意以为得道，实则以片面理解为满足。”我们姑且不管他的批评是否正确，从中我们发现藏区密宗修炼者们也注重“气血丹田之功”，这的确与我国内地和尚们的禅定方法是一致的。

事实上，三罗喇嘛们和内地的关系十分密切，三罗喇嘛于洪武年间进京时，曾在江南结识了一名“蔡和尚”，在南京时又结识了一名“王和尚”（《安多政教史》），不正说明了汉、藏族地区在佛教上的交往与影响吗？

历史上的佛门弟子，处在封建社会人与人之间不平等的氛围中，他们用修行的方法达到心理平衡并去追求来世的幸福，这仅是我们今天一点儿肤浅的认识罢了。

官隆古洞，作为佛门的历史遗迹，给人们以多少启示！因有感于此，作句以记之：

古洞悬崖六百年，
真修仙人总不还；
有道深山求乐土，
只为世间泪斑斑。

坡前半翅啼不住，
世事沧海变桑田；
此地夏日结伴游，
喜看麦浪连远山。

由此看来，“角营”一词是瞿昙寺历史上藏传佛教噶举派僧人们常年修行，追求“即身成佛”，以“佛”命名的村名。

佛门修行这个话题，对瞿昙寺的僧侣们而言，随着时代的变迁，从信奉噶举派到后来改宗格鲁派，随着岁月沧桑，也有发展衍变。特别是格鲁派，注重僧人戒律，通过戒律约束自己的言行，受到信众的拥戴。元明清时代，随着活佛转世制度的产生，藏传佛教各教派遂有了转世活佛系统，信教群众不仅要膜拜佛像，更重要的是，在寺院里能够膜拜活佛，包括受活佛摸顶、剃度、祝词。在这种情况下，活佛从转世灵童到坐床，自身要受到经师严格的培养教育，直至成人。瞿昙寺从明代的国师、大国师这样由朝廷的分封制，到清代渐次演变为活佛转

世制度，并逐渐形成了三个活佛系统。

目前瞿昙寺因种种原因，没有驻寺活佛，从下面这篇《瞿昙寺年轻的阿卡们》的短文，可以大致了解年轻僧人们的生活。

六、瞿昙寺年轻的阿卡们

青海境内湟水南岸的瞿昙寺是古老的，在这山间村舍中显得格外古朴而苍老，如同一位饱经沧桑的老人，而寺里的阿卡们都很年轻，最小的才14岁,叫做扎西昂秀,是我认识的第一位阿卡。和别的阿卡相比，他显得机灵活泼，乌溜溜的眼珠子转个不停。但我总觉得他比同龄人多了一份成熟，有时候突然变得不爱说话，甚至间或还会唉声叹气的。

我刚认识扎西昂秀的时候，正值他的白发师傅回家去了，那两天他玩得昏天暗地，上蹿下跳像只猴子。再见他时,听说他的师傅已经回来了。我便去找他，推开厚厚的木门，只见他老老实实地盘腿坐在云床上，大声地念着经文。透过绿叶藤蔓，听到门响的小昂秀立刻偷眼打量来人。我悄悄走进屋里，只见他年迈的白发师傅正悠闲地喝着酥油茶，和管家说着话。这位管家总管全寺的大小事务，年纪二十六七，身上总是佩挂着大大小小的一大串钥匙，走起路来叮当作响。他看起经文来，有时还会戴上一副眼镜。他拌得一手好酥油炒面，又很勤快，大清早一起身就洒扫寺院，一次我去寺院正碰上他打扫七十二间走水廊，一趟趟地从蓄水池中取水洒扫，累得满头大汗。日头正大时，微胖的管家就会脱掉鞋子，

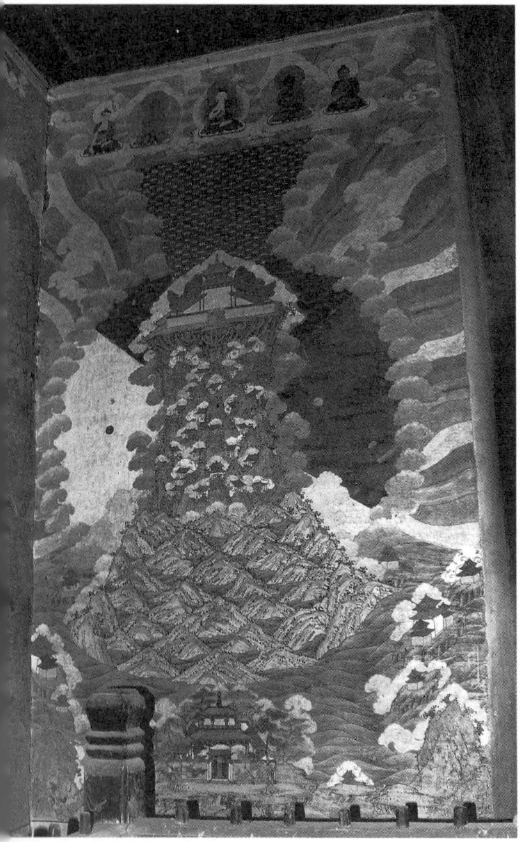

光脚丫在寺院里跑来跑去，忙得不亦乐乎。年轻的阿卡就是寺里流动的风景，披着红色袈裟的阿卡们的青春在晨钟暮鼓里寂寂流淌。

阿卡们都是独居一院的，很是静穆。院门上方往往立着一个一尺见方的小佛龛，不很明显，却点出了主人的身份。阿卡们大多爱种些淡色菊花，把庭院衬托得格外雅致。院落里还种植着一些果蔬、松柏、芍药、丁香等。一推开纹路清晰而又厚重的木门，就会发出“吱扭吱扭”的声响，随之扑面而来的就是四溢的清香，让人精神为之一振。和阿卡们接触一段时间以后，你就会发现一张张生动鲜明的面庞，是如此可亲可爱。若做客阿卡家，一进门他们就会热情地端上一碗热气腾腾的酥油茶，接着就会从炕头的炒面匣子里取出炒面和砂糖。他会耐心地教你如何轻轻地边吹漂浮在清茶上面的酥油，边喝略带甜味的茶，待到喝剩下一碗底

酥油茶，就可以往龙纹茶碗里加入炒面和砂糖，亲手制作一碗香喷喷的糌粑。自己动手做一碗别具风味的藏式糌粑，滋味肯定特别香甜。

阿卡们大多来自附近的藏乡，对远道而来的信徒总是热情对待，对有困难的信徒免费提供住宿、清水、面粉和薪火。善良的阿卡们对周围的民风民俗还是产生了深远的影响，使得佛乡民俗得以稳定地延续，也使得汉藏文化得以融洽地交流。

哦，年轻的阿卡们，莫非我听到的这段传闻，就是你们恪

守的信条吗？民国时期，在这座寺院里居住着 60 余位僧侣，他们当中有贫有富，附近村民们在青黄不接的季节来向富裕一些的僧侣告贷口粮时，老阿卡往往会拿出茶水、馍馍招待贫困农民，碟子里的馍馍有两种：上面是青稞面做的杂面馍馍，下面是小麦面做的白面馍馍。饥不择食的农民抓起青稞面馍馍就吃，老阿卡看在眼里，心知一定是断炊了，总要借二三升粮食给那农民的；如果告贷的农民抽取下面的白面馍馍先吃，老阿卡心中自有判断，他一定会说：“对不起！我这里没有粮食借给你了。”现在的年轻阿卡们在洒扫厅堂、诵经念佛和接待游客时，正在努力跟上时代的步伐，槛内槛外的人情世故正在逐渐融通，愿年轻的阿卡们成为新时代佛家文明的传播者，抚慰着这苍老而肃穆的古刹，给人们一种新的感悟。

听完了老人们所讲的故事，我的心潮便久久不能平复，有时路过寺院的高台，抬头望见年轻的阿卡红色的身影在夕阳里

瞿昙
瞿昙寺简介
青海乐都瞿昙寺鸟瞰图
Introduction to Qutan Temple

沉思，身上的袈裟随着晚霞的流光溢动，年轻的脸庞像雕塑一般，仿佛寺院守护神在履行着他们巡礼般的神圣职责。晚风吹来，红色的袈裟被柔风轻轻托起，远远望去如同飞鸟一般，悠悠飘荡，仿佛坠入尘世的神仙，随时都可能乘风而去似的。

凝望着红衣喇嘛在夕阳下的身影，我常常陷入沉思：为何藏传佛教的僧侣会选择红色作为袈裟的颜色？红色在山居寺院单调的生活中显得多么引人注目！它与汉传佛教青衣僧侣显得多么不同。也许这是对不同佛教流派宗教生活最好的诠释，或许红色是这尘世间最寂寥的颜色吧。

朵巴营，也是汉藏合璧的村庄名称，以村庄所处的地理位置在瞿昙寺东南方向半浅半垴地带，与瞿昙寺一山之隔的“上营”村庄含义一样。乐都南山有村庄“上营”“下营”之分。于是，方位词也成为村落之名。

第二辑
考古遗存

第一节 畜牧业生产生活遗存

畜牧业生产以放牧马、牛、羊为主业。瞿昙寺之南的山后有马场，乐都地区素有“南山矢箭，北山跑马”的传统民俗。马匹作为骑乘工具、赛马竞技、军事战马的时代已经远去，但与之相关的马上用具则成为民俗文物了。

一、马鞍、马镫、驴鞍、牛鞍、吵子、马褡子

历史上的先民们养马、驯马、爱马成癖，为马配备多种马具，其中最为讲究的是马鞍。马鞍原为人们骑乘方便、稳妥，随着人们的社会地位有高低贵贱之分，马鞍的质地也有很大差别，有马鞍桥上包银镶金者，还有镶以鱼皮者，以显其主人之华贵。马镫也是如此，铁制镂空者、银镫锘金者，骑马只用脚后跟踩镫，以防止“套镫”，危及生命。

乡下人为驴备鞍，很简陋，多用驴驮柴木。牧民们为牛备鞍，称作驮牛，藏语称作“夸玛”。藏族民间有一个笑话：有一位迷信占卜的人，请人算命，算定他于某年某月某日命绝在某地大路旁。此人深信不疑，届时穿了新衣躺在大路旁，自以为已经去世。就在这时，有人赶了驮牛路过，突然牛驮子散开了。赶牛者在牛鞍两侧捆扎牛驮子，来来回回总不得法。那自以为命绝于路旁者，将这一情形看在眼里，急在心里：“哎呀，可惜我已去世，不然我要告诉他，牛驮子不是这个捆扎法！”

吵子，在有喜庆事件时，人们为夸耀于路途，在骡马脖子挂一串铃铛，让喜庆之人骑在骡马之上，或因考取了“先生”，或立了功，或到外地赴任等，一路行来，那一串铃铛响彻路途，相当于历史上的“夸官”，民间将那串铃铛称作“吵子”，让一串铃铛的声音吵醒路人，争相观看有荣耀的人，引起人们的羡慕，也可以提醒其回避让道。

马褡子，是捎在马鞍上的行囊，骑马者当坐垫，褡子里装旅途需用物品。无牲口可骑而步行者，肩扛褡裢，内装一应物品。褡裢要比马褡子小，适合步行者，青海民间歇后语有“褡裢里背冰——前心凉到后心”，比喻对一件事感到灰心至极。青海民间把相连的湖泊称作“褡裢湖”，形容湖泊相连如褡裢者。牧民们出门在外时随身携带装炒面的小褡裢，藏语称作“洒褡”，意为食品褡裢。随着社会生活的改变，各种挎包应运而生，褡裢已退居幕后了。

二、马笼头、马叉子、嘴笼子

驾驭马匹者用马笼头、马叉子驱使马匹，特别是经过训练的走马，驾驭者稍加拉扯马笼头上的缰绳或马叉子，走马便听从主人使唤，或漫步，或飞奔，人马和谐行走。

为了防止牲口在行走时吃庄稼，农民们为牲口（马、驴、骡）专门编制了嘴笼子套在牲口的嘴上，民间谜语：“吃哩说着做下了，做下了又不吃”（打一用具），即嘴笼子。

三、拴牛绳、牛鼻桊、奶钩

放牧牛群，早出晚归。早晨牛群出圈后，牧人或将牛粪抹在草地上晒干，备用生火；或和成牛粪块，晒干取暖。晚上牛群归来，有拴牛绳将牛一一拴住，一般牛群围成一圈，牛角朝外，防止恶狼偷袭，圆圈内牛犊卧睡，受到大牛保护。

牧民家的妇女挤奶，口吟挤奶歌，挤了左边挤右边。牧民喝奶茶、打酥油、做酸奶，都是用牛奶做原料。

平时骑牛外出，用牛鼻桊驾驭牛行走。牛鼻桊由木条弯制，古代曾用铜牛鼻桊，特别是祭祀苍天，考古发掘出的牛头，有铜制牛鼻桊。

四、斧形刮削器与捻线杆子

青藏高原的先民在发展畜牧业的过程中发明了畜牧业加工用具——斧形刮削器和捻线杆子。斧形刮削器，形似斧而斧脑有孔，文博界称为石斧，实则刮削器与砍砸器有很大区别。高原牧民养羊，皮张羊毛加工，用斧形刮削器刮去羊皮上的油腻，使皮张柔软。这种加工皮张的用具从石器时代一直演进到铁器时代，羊皮经过刮削鞣制后，缝制成皮袄、皮裤、皮袋、皮褂等。我国地大物博，南方与北方，农业区与牧业区，地域文化不尽相同：南方古人因天气炎热而将皮袄毛衣外穿，曾讽刺将毛衣内穿者“皮之不存，毛将焉附”；北方寒冷地区恰恰将皮袄毛衣内穿以求暖身，所以斧形刮削器作为畜产品加工用具，与斧头的用途截然不同，理同南北方穿皮袄之截然不同者。

在长期使用斧形刮削器的过程中，先民们将劳动工具另作他用：选择长而薄的石头，制作成石磬，虽呈斧形，却是敲击乐器；小而薄的石头，制作成挂件，虽呈斧形，却是装饰品；先民们选用玉石，制成斧形刮削器，作为他生前心爱之物，死后陪葬于墓中，成为礼器。凡此种种，我们从中窥探到先民们的文化心理状态。

先民们加工羊毛，将羊毛洗净晒干撕成棉絮状，用线杆子下加一圆形线砣子，手工捻毛线。将捻好的毛线绕成毛线团，请褐子匠织成褐子，又由裁缝裁剪缝制成褐衫、褐裤甚至褐被子。撕好洗净的羊毛又擀成毛毡（分羊毛毡和牛毛毡），缝制成毡衫、毡袄、毡帽、毡靴等。有民谚："羊毛出在羊身上"，引申义为自行解决费用。

第二节 农耕生产生活遗存

农耕生产以土地和农耕工具为本。农民们辛勤经营土地，地分旱地、水地，他们将自己所拥有的田产，命名为富有田园色彩的名称，如大地湾、三块地洼、沙坡地、旱台地等。先民们制作各种农业用具，民谚有“人快不如刀快”，形容人们使用工具从事生产，相比徒手劳作要事半功倍。

一、木制农具系列

木锨，一般为装土、扬场、装粮用具，木锨用起来比较轻便；木榔头，一般用作打土块，春季打碎耕地里的土块，俗称“打坷垃”；杈扬，一般用作起麦草等，杈扬有如手指者，也有两杈者，称作“荆杈”；背篼，用柳条编制而成，青海河湟民谣歌词：“麻湿柳编下的湿背篼，我背土（者）填三圈了。”背篼用途较广，背负东西，多用背篼。有一种背篼较一般背篼大而镂空者，称作“花篮背篼”，一般装草背运；还有一种背篼形状呈圆形者，称作“圆蛋背篼”；用芨芨草编制的背篼称作“芨芨背篼”，用起来既结实又绵软轻便。

木制生活用具有量器升子，一升粮食十五斤；比升子小的量器为“合”，十合为一升。比升大的量器为斗，一斗粮食为十升，这种量器的计算方法与内地有所不同，西宁市有“斗行街”，与粮行有关，粮行斗量，必用斗、升、合。《现代汉语词典》对斗的解释：“容量单位。十升等于一斗，十斗等于一石。”

木柜，亦作面柜、米柜；炕柜，放置于炕侧的木柜；木箱，放置衣服等；碗架，放置碗盏。木桶，挑水用具；木勺，口语读作“马勺”，舀水工具。筲，大型盛水器；风匣，鼓风吹火，称为“拉风匣”或“风匣杆杆”，匣内鸡毛搅风，前后有“风匣板板”。民间歇后语：“老鼠钻进风匣里——两头儿受气”，形容一个人两头儿受抱怨，左右受人指责。炒面匣匣，盛炒面。炒面有青稞炒面、玉麦炒面、麻籽儿炒面等。过去还有木碗，用硬杂木制成。

二、铁制农具系列

板镢，挖土用具，青海方言中将听人使唤喻为“当板镢”；铁锨，挖土、装土用具；铲子，多用于锄草；铁器又分生铁、熟铁，上述用具都是由熟铁制成，生铁器具有火炉、锟锅、熨斗、炉齿子等。

生活用具铁锅，用于生火做饭，因此农家视铁锅为贵，一般人家以购置铁锅为重，锅裂缝漏水，则用面糊粘接。有一则民间神话故事，说铁拐李家贫无锅，夫人坐月子无锅做饭，他便到富人家偷锅，想晚上做完饭再还回去，等他做完饭要去还锅时天快亮了，他祷告上苍：“天哪，请等一会儿再亮，等我还完锅吧！”于是老天体谅他的苦衷，黎明前的黑暗由此而来。

农村、铁匠开设铁匠铺，风匣生炭火，将铁烧红，师傅用火钳夹起通红的铁块，在铁砧上指挥徒弟打铁。师傅用小锤，徒弟挥大锤，“叮当，叮当”！为农民们制镰刀、菜刀，为骑手们钉马掌，有时为铁器加钢刃，还采用淬火技术。民谚有“铁匠打铁要看火色”，意为做事要看场合。

青海河湟地区历史上甚少铁器，农家以吃饭锅为重，一口锅往往代辈传承。于是农村曾有钉锅匠人，俗称“钴钴锅”，为裂了缝儿的铁锅钉把子。把子，用铁钉将裂缝的铁锅钉上铁条，使裂缝严实不再漏水，有时也用此法钉缸，现已消失。那是一门技能，随着生活用具日渐丰富且价格便宜，钉锅、钉缸者已成为历史的记忆了。

与之相似者，还有钉瓷碗的工匠，称作“碗儿匠”，瓷碗裂缝，碗儿匠用小铜钉钉把子，这也是一门水平很高的技能，现在也已成为历史了，如果还能找到钉了铜把子的瓷碗，那一定是文物，可陈列于历史博物馆了。

三、编制农具系列

农村能工巧匠编制柳条背篼和芨芨背篼，用以背负东西。河湟花儿和少年的唱词：“麻湿柳编下的湿背篼，我背土（者）填三圈了”，指的是将柳树枝浸在水中，使之柔软，编成背篼。农家攒家粪，用柳条背篼背土垫圈。尤其是山区的农民，背篼成为他们运送东西的主要用具。

农业区的浅山地带和部分海拔在3000米左右的牧区，尤其是青海的柴达木盆地和共和盆地，生长着芨芨草，这种草为丛生，《现代汉语词典》载：“芨芨草，多年生草本植物，叶子狭而长，花淡绿色。生长在碱性土壤的草滩上。可以做饲

料，又可以编制筐、篓、席等。又叫积机草。”青海农牧区有芨芨滩，每逢夏秋之际雨后，农民们趁农闲之际到旷野拔芨芨草，晾干后部分制成扫帚扫地，部分由能工巧匠编成芨芨背篼，因芨芨背篼质地比较细密而又结实，农民们多用来背负粮食等物。古诗有“疾风知劲草”句，那劲草，或许当指芨芨草。

每到秋收季节，农村的巧手还会用麦秆编制成秋蝉笼笼，捉几只秋蝉关在笼中，给秋蝉喂菜瓜、花叶，暑天秋蝉的鸣叫声或许在告诉人们今年是个丰收年。秋高气爽的季节，农家开始秋收打碾忙碌起来，所谓“二八月的绣女也要下地”了，农民们割田、驮运麦捆、摊场、碾场、扬场、粮食入仓，然后准

备农历八月十五过中秋节了。

四、羊毛纺织擀制系列

青海农牧民因地制宜地发展农牧业生产，往往农中有牧，牧中有农，农牧业相得益彰。农牧民养羊，放羊娃早出晚归，农家注重羊圈卫生。夏季剪羊毛，羊毛积攒得多了，老年人将羊毛洗净晾干，撕好羊毛后，便开始捻毛线。青海河湟地区的农民们代辈传承，使用线杆子、线砣子捻线的历史很悠久。羊毛线团积攒到一定数量，便请褐匠织褐子，又用褐子织褐衫、褐裤，还可用褐子缝制褡裢、口袋。贫苦农民没有内衣裤可穿，粗硬的褐衫、褐裤将皮肉磨烂的情况时有发生。

洗净的羊毛还用来擀毡，绵羊毛擀成棉毡，铺在炕上，农家还缝制褐被，冬天煨炕取暖，农民们凭借热炕头过冬。有领导干部曾经问过笔者：“什么叫拉羊皮不沾草？”“历史上的穷苦山民秋冬季节扫树叶、扫枯草末末作烧煨之用，山头光秃秃的，拉羊皮自然不沾草，是极端贫瘠之谓也。”“原来如此！”

羊毛擀成毡片后，还可以缝制毡袄、毡裤、毡靴、毡帽。雨雪天外出还可披毡衫，民谚有“雨过了披毡衫”，类似于成语“亡羊补牢”。青海历史上除了擀毡匠之外，还有手工艺人称毡帽匠，因缝制毡帽讲求技能较高。

用牛毛加羊毛擀制的毛毡民间称作纱毡，较棉毡结实耐用，也有用纱毡片缝制毡衫者，厚实耐用可遮风挡雨。

明清时期的秦晋商人到河湟地区开设商号，曾经营土布，诸如白大布、白扣布、毛蓝布等，用布匹缝制衣服，是农民们的奢望，只有大户人家才缝制布衫、棉袍、制服等。1949 年后，老百姓的生活状况日渐改善，20 世纪 50 年代以来，瞿昙寺地

区根据传统的农历六月十五日庙会、花儿会，也曾举办物资交流大会 ，市面上开始有了煤油灯、条子纹布、毛华达布，当时能穿那样的布料制成的衣服，就十分时尚了。

第三节 茶马交易与南山射箭

农户除了饲养牛羊之外，能养骡马，已是富户，所谓“牛羊满圈、骡马成群”者，是夸海口之家了。乐都地区各民族群众世代养马，马用于骑乘和驮运物什，一度与人们的生产生活结下了不解之缘。乐都民谚 :“一口说北京，四十八马站。”明清时期，骑马上北京，行程四十八天之久。当时一马站为八十华里，四十八马站即两千多公里路程。清末民初，瞿昙寺地区拔贡谢善述赴北京赶考，将乐都到北京沿途所见撰写成《京程歌》传世。马在古代作为交通工具，所以“路遥知马力”“快马加鞭”“马到成功”，成为人们的口头禅。创建瞿昙寺的高僧三罗喇嘛最初寻找寺址时，在一泓清泉边“饮马遗其鞭”，后来清泉被誉为“瞿昙池”列入青海名泉之中。

青海农牧区地处高寒，各民族群众喜饮茯茶。冬春季节的农村熬茯茶时加入少许荆芥、薄荷，以防感冒。牧业区熬茯茶时加入牛奶，称作奶茶。河湟花儿唱词：“清茶要喝奶茶喝，渴死了凉水要喝；你心里有话我说，亏死了旁人要说。”以清茶、奶茶之饮,比兴出恋人之间的知心话语。柴达木盆地的茶卡盐池，自古产晶体食盐,被称为青盐。青盐不仅防腐性强,且味道鲜美。青海农业区群众饮茶时放入少许青盐，民谚有“茶无盐，水一般”，成为河湟谷地的饮茶习俗。

一、茶马互市，金牌调马

青海地区特别是环青海湖流域自古出名马青海骢，加上青海农牧民喜饮热性茶，在封建社会对于马匹的应用又很广泛，尤其是冷兵器时代军队需要战马，于是在青海农牧相间的西宁、多巴等地，唐宋元明清时期实行茶政、马政，并且有茶马交易场所。政府官员管理茶马交易，曾经为战事所需军马而金牌调马，金牌由调马者与管马的地方官员各执一半，两半金牌对齐后上有文字“合当差发”“不信者斩”，可见茶政、马政之严厉程度。马政一直实行到民国时期，国民政府曾在青海设置贵南军马场。青海至今仍有几处“马场”地名存在。

这一史实自然影响到乐都地区。乐都地区的各族群众代辈养马、爱马。清乾隆年间的乐都诗人吴栻就曾以古风诗的形式创作《青海骏马行》传世，他写道：“极目西平大海东，传来冀北马群空。当年隋炀求龙种，果能逐电又追风。西汉曾筑令居地，乌孙遣使贡良骥。汗血多从大宛来，权奇远向西平至。唐帝整驭六龙还，回纥献马入关山。皎雪奔虹翔麟紫，名擅贞观天宝间。谁知天驷照今古，腾骧褭袅五霞吐。此后还名西域骢，神骏奇

骨谁与伍？芳草遍天涯，胡马入流沙。可羡振鬣云衢近，可羡蹀足天路斜。自兹花虬蕃衍入青海，奔驰电掣摧残垒。未知龙种果龙驹，岛屿深处耀光彩。借问苦心爱者谁？空将神物镇边陲。雄姿磊落徒自许，还登峻岌到天逵。至今海水澄清不起波，到处文人歌海晏。地精月度两相生，天骥呈材空自见。平沙短草自青葱，胡马回来不敢践。君不见海水能安百谷王，至今无复蛟龙战！”

诗人对历史上青海各种名马的传闻和史实，以歌行诗的形式刻画了青海骏马的神奇形象。特别是产自青海湖流域的名马青海骢，后来这种名马的后代大通马，因地名又名浩门马，相马者认为这一名马禀性温驯，体力强健，骑乘走马力速兼备，是历史上国防和农牧业生产的上乘马。诗中提到的汗血、皎雪、奔虹、翔麟紫等都是古代名马的品种。

历史上的名马多由环青海湖流域而来，青海各地受茶马互市的影响，民间多举办赛马活动，以乐都北山为最，现已列入省级非物质文化遗产保护项目。

二、南山射箭，节庆文体

乐都南山属于积石山脉，自古有射箭赛事，成为民间的一种节庆活动。箭手们以村落为单位，相约比赛。比赛设在箭场，箭手挽弓矢箭，若设中箭靶，其队友们欢呼雀跃，场面十分热烈。观众们则穿戴一新，视为节庆。

南山射箭相沿至今，现已列入国家级非物质文化遗产名录。我国历史上的各类著述多有谈及射箭名家，那是冷兵器时代的军事作战，箭射敌军的，诸如司马迁《史记》中的李广，直到

唐代诗文仍据《史记》记载，写李广的箭术“林暗草惊风，将军夜引弓。平明寻白羽，没在石棱中”，后来小说家在《水浒全传》中又塑造了一位神箭手形象，被誉为“小李广花荣”。

自古以来，制作强弓硬弩都是作为重要技艺代辈传承。北宋时期杰出的科学家沈括所著《梦溪笔谈》就记载了古人制作强弓的优点和造弓的经验，他指出：“予伯兄善射，自能为弓。其弓有六善：一者性体少而劲，二者和而有力，三者久射力不屈，四者寒暑力一，五者弦声清实，六者一张便正。凡弓性体少则易张而寿，但患其不劲。欲其劲者，妙在治筋。”按古人制弓图标示，筋在外，角在内，材居中，有节有弦，制弓胶要涂得薄，筋要泡得透，弓力的强弱靠筋，而不是靠胶，这就是弓

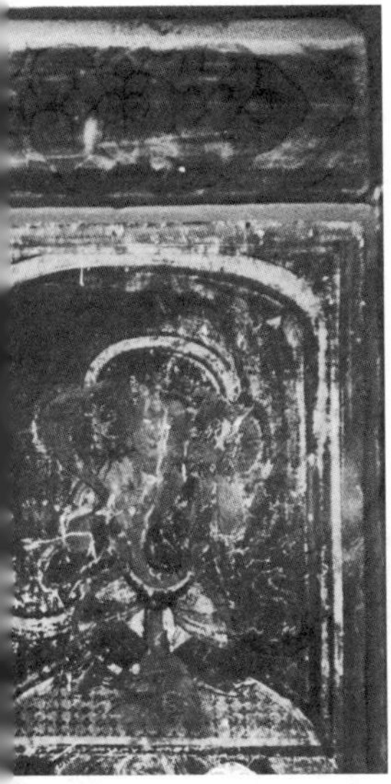

久射而力量不减弱，气温冷热变化而弓力仍能保持一致的原因。青海省海东市乐都区南山射箭被列入国家级非物质文化遗产项目后，南山各村落民众视射箭为节庆活动，趁农闲之际举行射箭文体活动。南山峰堆乡拉干驿村有一位制作传统牛角弓的制作技艺者叫马国财，从他的曾祖父就制作牛角弓，他制作的弓远销新疆、甘肃、陕西等地，被誉为“弓一强”。马国财的祖父在制作牛角弓的同时，还在乡下演出秦腔，被村民喜称“令元帅”。马国财的父亲马建邦，12 岁就跟随祖父和父亲学习制弓手艺，20 岁即能独立完成传统牛角弓的制作。目前马国财的传统牛角弓制作技艺已经非常精湛，也已收徒传艺，他制作的牛角弓

不仅传承了祖辈的，还结合时代特点和地域文化特色，创新发展，根据客户需求，在弓面上绘制藏八宝、十三画，包括梅花、神龙、草船借箭等图案，深受客户喜爱。弓箭手们都非常爱护牛角弓，视为珍宝。

三、比赛射箭，赛居箭宴

赛场上，箭手们各不相让，都以射中靶心为荣。村与村之间约定比赛射箭，甲村与乙村各组成箭手队伍，周边村落的男女老少都会到场观看比赛，那场面热烈而又紧张。农村将比赛射箭的对手称作“对把子”，无论甲方还是乙方的射箭手，只要射中靶心，欢声四起，射中一方的队友们更是欢呼雀跃，一齐抡袖弓腰，旋风般呼喊着奔向箭靶，在靶子周围跳跃欢呼，又旋风般呼喊归队。

赛场上箭手们各不相让，争相赛出水平，并以“剑拔弩张”的气势压倒对方，但赛事之后，邀请方要盛情款待对方的箭手们，那场面又是握手言欢，亲如一家。各家拿出最好的食品招待对方，尽显农民们纯朴的乡风民俗。青海农村的五月，正是麦苗青青，布谷鸟声声，时逢盛世，人们借射箭赛事休闲娱乐，亲友往还，一派祥和气象。

黄河南岸尖扎县的藏族群众也很擅长射箭比赛，近年来由县政府主导民间射箭文体活动，邀请各方射箭代表队参加，盛况空前。比赛之后，举行箭宴，各代表队和参加盛会的嘉宾们共聚一堂，欢声笑语。藏族导演将尖扎射箭活动搬上银幕，以《五彩神箭》为题，用藏语演出电影宽银幕故事片，产生了良好的社会影响。

青海各民族的民间射箭活动，蕴含了许多民俗文化的内涵和外延，通过射箭赛事在国内外进行友好的文化往来，相信会有广阔的发展前景。

第三辑

瞿昙寺的创建与发展

第一节 瞿昙寺的创建

一、西部高僧三罗喇嘛传略

瞿昙寺的创建与元末明初在青海湖海心山长期修炼的藏族高僧三罗喇嘛密切相关。三罗喇嘛，法名桑儿加查实，元朝末年出生于我国西藏山南地区的卓垅地方，早年离开家乡，曾在青海湖海心山长期修行，世称“海喇嘛”，藏文史料称他为“大成就者海心仙人”。清朝时曾受到乾隆皇帝尊崇的青海宗教上层人物章嘉·若白多杰，在他的著述中就“海喇嘛”这一名字的由来做过解释:“汉语管‘措’叫海，海喇嘛便由此得名。”可见，“海喇嘛”是汉族对三罗喇嘛的称呼，三罗喇嘛和明王朝关系密切，又曾在青海湖海心山长期修炼，在当时的汉族地区也有一定影响，故有此名。藏族相传三罗喇嘛以青海湖为他的寄魂之处，寓意湖水不枯，他的灵魂不灭。可见三罗喇嘛胸襟之开阔。

后来三罗喇嘛率其部族向青海省东部地区迁徙，他自己在现在瞿昙寺附近的“官隆古洞”继续修炼，“建佛刹于碾伯南川以居其众”，可知明洪武二十五年后追随三罗喇嘛的很大一部分藏族部族，从环湖地区迁徙到今青海东部农业区的湟中、平安、乐都地区定居，从事农业或半农半牧。三罗喇嘛从当时的青海湖地区到达西宁卫，所以《明史稿》中称他是“西宁番僧三剌”。

青海湖周围以水草丰美著称，那么，三罗喇嘛为什么要率部东迁呢？我们从明代史料中看到，当时河套蒙古族入驻青海湖地区，而原居环湖地区的一些藏族部族“不能支则折而为寇”（《明史稿·列传二百三》）。三罗喇嘛及其家庭“建佛刹于碾伯南川”后，“来朝贡马，请敕护持”，分明是要求得到明王

朝的保护。明神宗万历十八年(1589)蒙古族丙兔部进攻瞿昙寺一事，证明原来的罕东卫各部族地处兵家必争之地，战事频仍，以致影响到后代。

另据塔尔寺现存的康熙五十九年(1720)所立的一块碑的碑文中提到“罕冬族伍庄”；现在的湟中县有一个“汉东乡”，有许多藏族群众居住。“罕东”“罕冬”“汉东”等拟为同一藏族部族名称不同的汉音译写法。

据传三罗喇嘛在云游各地时曾骑白象，因他有报明廷，声名为之大振，曾跨白象进京，三罗喇嘛因此被誉为“白象大师”。这样一位高僧在明王朝开国之初，西部地区社会尚不稳定的形势下，曾审时度势，“为书招降罕东诸部”，对明王朝稳定环湖地区有过贡献。加上河套蒙古族入驻青海湖流域，三罗喇嘛和他的侄子三旦乐哲要为罕东诸部寻找新的立足之地，于是一行

人马到达瞿昙寺现址。史籍记载三罗喇嘛到达瞿昙寺现址后在一泓清泉边“饮马遗其鞭”，回首寻找马鞭时发现饮马之处有“佛凤虎之势”，于是决定就此驻足，那里山清水秀，是理想之地，便在清泉附近建造一座小佛堂,取名“色哲拉康”(意为色哲佛堂)。

二、赴京华觐见开国皇帝

三罗喇嘛在他的侄子三旦乐哲陪同下，牵了青海骏马，带着方物，直奔当时的京城金陵（今南京城），在江南王和尚、蔡和尚的引见下，见到了明王朝开国皇帝朱元璋，那是明洪武二十五年（1392）的事。三罗喇嘛叔侄请求朱洪武帝保护罕东诸部的藏族民众,并为他的小佛堂“请赐寺额”。

洪武帝于洪武二十六年题写了一块红底金字的寺额“瞿昙寺”。这块横匾至今仍悬挂于瞿昙寺前殿内檐上方，即当初修建的“色哲拉康”，时过 600 多年，仍鲜艳如初。朱元璋少时曾出家为僧，对佛学是了解的。“瞿昙”，是梵文译音，为佛教祖师释迦牟尼的族姓。根据藏文古籍《安多政教史》记载，朱元璋身边还有像王和尚、蔡和尚那样的高僧大德，所以元、明、清时期的封建王朝借助佛教维护西陲边地，用“因俗以治”之策，也是情理之中。

不仅如此，朱元璋还赐封三罗喇嘛西宁卫都纲僧职。明代行政区划实行卫所制度，明廷为三罗喇嘛颁发的“都纲”铜印，仍留存于清顺治八年（1651）瞿昙寺寺主梅氏家族保存的手抄本《贡节奉敕谕代辈相传亲供底册》封面印鉴。瞿昙寺周边的藏族民间赞词中有瞿昙寺“七禅师，八都纲”之说，说明瞿昙寺上层受封明王朝禅师和都纲僧职，分别世袭了七代和八代之久，还发现“真修无碍”象牙印一方，保存在文物部门。

三、建文帝逃国之谜

明王朝开国皇帝朱元璋在位 31 年，因太子先他病逝，明太祖朱元璋于洪武三十一年（1398）临终前传位于长孙朱允炆，史称惠帝，年号建文。朱元璋有子 26 个，均分封藩王，建文帝登基后面对 25 位藩王，后听取大臣意见“削藩”，触及了藩王

们的权位，其中尤以燕王朱棣（朱元璋第四子）拥兵自重，建文四年，朱棣以“清君侧”之名，起兵直指金陵。建文帝派西北大将耿炳文抵御，结果耿兵败被杀。于是建文帝不得不仓皇出逃。

公元 1403 年，朱棣登上皇位，史称成祖，年号永乐，在位 22 年。永乐帝被史学界评为明君，虽有雄才大略，但在封建社会，皇位要遵从祖制，朱棣登基至少违背了父训。于是永乐帝取掉建文四年的年号，而将洪武三十一年的在位时间延长为洪武三十五年，给世人造成他子承父业的假象。

有关建文帝逃向哪里的问题，民间传闻有各种版本。瞿昙寺地区的老一辈都说逃到了瞿昙寺，但历史上盛传永乐帝派郑和七次下西洋是为了寻访建文帝。我们不妨今人度古人之心：建文帝当时不具备远航条件逃向海外，而郑和下西洋是有国力支撑的。永乐帝既然篡夺了皇位，建文帝逃向海外，下落不明，不是正合其意，又何必兴师动众去寻访呢？郑和七下西洋在今人看来是开辟了海上丝绸之路的又一壮举。

那么,建文帝逃到瞿昙寺之说,又有何依据呢？请看下一篇！

第二节 高原小故宫的由来

一、永乐帝关注瞿昙寺

在封建社会，建文帝在一些忠于他的亲信的护卫下，辗转逃往西北方向，直奔与他祖父朱元璋有过故交的三罗喇嘛叔侄而来到瞿昙寺现址，遁入空门，追随三罗喇嘛在深山古洞修炼，方免去杀身之祸。那古洞今称官隆古洞。官隆，藏语音译，意为寺沟，是建成瞿昙寺之后才有的地名。据现藏瞿昙寺御制碑文记载，寺沟原名“迦伴虎蓝满都儿都”，为蒙古语，应是元代地名。瞿昙寺南侧有村名官隆湾，村之侧一条山沟垴的向阳陡坡上有古洞，藏文古籍《安多政教史》记载三罗喇嘛的追随者们誉称他和他的门徒为“岩师徒”，其中应该包括出家为僧的建文帝。今乐都、平安二区的家族宗谱，诸如《李氏宗谱》《徐氏宗谱》《杨氏宗谱》都曾记载他们的祖上“护驾”西来的史实。

从瞿昙寺现存的五通明初御制碑碑文的内容来看，永乐帝对建文帝逃到瞿昙寺的去向及其作为是给予高度关注的。永乐帝将皇都从今南京搬到北京后，即着手筹建故宫，与此同时，派员在今瞿昙寺竖碑一通，时在永乐六年五月十五，碑文中有

这样一段话："曩者剌麻三罗葳扬佛法，忠顺朝廷，我皇考太祖高皇帝特赐其所居寺额曰瞿昙，令其侄丹藏卜、端约藏卜演如来之教法，悟大乘之真诠，以慈悲导一方，以善行化众类，以嗣承其叔三罗之宗教，朕甚嘉之。今特令住持瞿昙寺官员军民人等务要各起信心，遵崇其教，听从本僧自在修行，并不许侮慢欺凌其常住。一应寺宇、田土、山场、园林、财产孳畜之类，诸人不许侵占骚扰。庶俾佛教兴隆、法门弘振，而一方之人亦得以安生乐业、进修善道。若有不遵朕命，不敬三宝，故意生事侮慢欺凌以沮其教者，必罚无赦！故谕。"这通碑的碑文强调了瞿昙寺在当地的政教地位以及经济特权，对三罗喇嘛的两位侄子继承叔叔的意旨而主持寺务给予嘉许，特别提出"听从本僧自在修行"，当专指三罗喇嘛"岩师徒"，因三罗喇嘛信奉藏传佛教噶玛噶举派，以专心修炼为本。永乐帝的这通敕谕碑文的措词是严厉的，这与三罗喇嘛古洞修炼生涯以及建文帝追随高僧避祸是密切相关的，因三罗喇嘛是永乐十二年圆寂的，故碑文有"听从本僧自在修行"句，"并不许侮慢欺凌其常住"句中的"常住"当指住寺僧侣，二者是有区别的。

二、修建宝光殿和前钟鼓楼

明永乐十六年（1418）又于瞿昙寺立御制敕谕碑一通，碑文明确指出"灌顶净觉弘济大圆师班丹藏卜于西宁迦伴虎蓝满都儿都地而起盖佛寺，特赐名曰宝光"，并继续下令"所在官员军民诸色人等……听从本寺僧人自在修行，为朝廷祈祝。所有佃户人等供给寺内一应使用"。连同宝光殿一起修建的还有前钟鼓楼以及四座"镇煞佛塔"。碑文提到的"佃户人等"，当指为瞿昙寺种田劳役的农户，瞿昙寺北侧至今仍有自然村称“佃户”。

明永乐十六年时碑文提及的瞿昙寺大国师班丹藏卜，还有国师端约藏卜，因端约藏卜在北京时水土不服而去世，永乐帝借瞿昙寺大国师班丹藏卜“归于西土”之际，特地铸造金佛像一尊，“御制瞿昙寺金佛像碑”至今仍藏于瞿昙寺内，金佛像却去向不明。只是永乐年间为瞿昙寺铸造的一尊镏金大菩萨铜佛像高 1.46 米，作为国宝级文物，至今仍由青海省博物馆收藏。

三、洪熙、宣德二皇帝完成瞿昙寺隆国殿及后钟鼓楼的工程并竖碑纪功

继永乐帝之后，洪熙元年明仁宗朱高炽登基，在位只有一年；

其后公元1426年明宣宗朱瞻基登基，年号宣德。宣德皇帝在位十年，除了众所周知的永乐、宣德年制造的精美瓷器，还有收藏界十分青睐的宣德炉之外，洪熙、宣德二皇帝继永乐帝之后，完成瞿昙寺后殿隆国殿及后钟鼓楼的工程，并竖立了形制相同的两通御制碑，后来于成化年间修建了两座高耸壮观的御碑亭，藏语称作“四门亭”。从此，瞿昙寺作为皇家寺院，因其建筑布局风格誉称“高原小故宫”而闻名遐迩。迄今为止，瞿昙寺是我国西北地区保存最完整的明代建筑群。

在瞿昙寺东西一条中轴线上，从前山门和砖雕斜照壁，前后建起宝光殿、前钟鼓楼、隆国殿、后钟鼓楼。七十二间走水

厅画廊，御碑亭院，高低错落有致，集明代建筑艺术之大成。自东向西由明王朝最高层“命官相土，审位面势，简材饬工，肇作兰若，高宏壮丽，赐名瞿昙。自是中国之人往使西域，及西域之人入朝中国者，至此而摅诚徼福，有归依之地焉”。洪熙帝认为这是“太祖皇帝肇之于前，太宗皇帝绍之于后的”“二圣功德”。这段文字将瞿昙寺对于中原地区和西部地区之间的联通功能做了很好的阐释。

宣德皇帝继承了他的祖父永乐帝、父亲洪熙帝的遗志，继续对瞿昙寺给予高度关注：除了于宣德二年二月初九在瞿昙寺竖碑为他的先祖纪功之外，同年正月初六还在瞿昙寺前山门门额上方悬挂皇帝敕谕横匾一方（汉藏文合璧），内容与永乐皇帝时期在瞿昙寺竖立的敕谕碑碑文完全相同，如果建文帝逃亡至瞿昙寺过着佛门生活的话，他受到了永乐、洪熙、宣德三代皇帝的保护，宣德皇帝论辈分，应该是建文帝的侄子辈。永乐帝时就已派出太监到瞿昙寺执行皇家使命，或许是为监督建文帝的。宣德二年二月初九，明王朝派驻瞿昙寺地区的太监于瞿昙寺隆国殿悬挂陡匾一方，还在隆国殿玉石莲台之上供“皇帝万万岁”金书汉藏梵三体合璧的牌位，牌阴刻有“大明宣德二年二月初九日御用监太监继尚义陈亨袁琦建立”二十五个字样，这正好与瞿昙寺梅氏家族所藏《贡节奉敕谕代辈相传亲供底册》所载“永乐年间节奉钦差孟太监指挥使田选等奉圣旨建立宝光、隆国二殿，立有碑记”句相印证。

四、修建瞿昙寺，汉藏民众功不可没

明代开国皇帝朱元璋、永乐帝朱棣、建文帝朱允炆、洪熙

帝朱高炽、宣德帝朱瞻基乃至成化帝朱见深、弘治帝朱祐樘等都曾为瞿昙寺留下史话。据我们粗略地统计：明王朝早、中期的历史风云中有七任皇帝为瞿昙寺下达敕谕七道、诰命两道；封大国师、国师、都纳、禅师僧职并世袭；颁给大金印一颗、镀金银印一颗、象牙图章二方、铜印一颗；修建规模宏大的殿宇佛堂四座、下院一座、钟鼓楼阁四座、画廊七十二间、碑亭两座，另有禅房、佛塔、僧舍以及寺主庭院等；立御制碑刻五通，赐瓶炉香案、钟鼎磬鼓、佛像、袈裟、法器多件。明王朝还多次派御用太监到瞿昙寺监察，分封该寺以山场、园林、田地甚广，领属十三寺，管辖七条沟民众，调拨五十二员旗军护寺，凡此种种，据我们推测，都与民间传闻、宗谱记载的建文帝逃亡的史实相关。

至于建文帝是否终老于瞿昙寺，还有待明察，今瞿昙寺南侧的一条沟被称为“享堂沟”，此地名由来不知是否为建文帝归葬之地所起。距瞿昙寺五里地有地名“石碑滩”者，有地名却不见有碑，那碑文今何在？只是派驻瞿昙寺地区的御用太监孟继，终老于今乐都，墓在乐都高店，是一处古迹。瞿昙寺以古城墙围成一统，城墙之东南角有殿堂谓之“天官寺”，不知建于何时。瞿昙寺开始由藏传佛教噶举派僧侣主持，后改宗格鲁派，又何以建宁玛派殿堂于一隅？最近乐都学者拉有清先生查阅瞿昙寺附近的《徐氏宗谱》得知，该宗谱记有建文帝“南归”句，建文帝“南归”于江南故里，也应在永乐帝去世之后，其子侄辈宣德帝时期，这也是我们的推测，还请后来者明察。

瞿昙寺及其下院药草台寺，都是弥足珍贵的明代建筑群，瞿昙寺的修建，附近的汉藏民众的先人们功不可没，他们才是瞿昙寺历史的主人。瞿昙寺后钟鼓楼建于隆国殿南北两侧，在隆国殿竣工的同时，鼓楼置鼓，钟楼置钟，在没有起重机械的明代，为钟楼悬挂铸于宣德二年（1427）的巨型青铜钟，民间传闻是采用“土拥钟”的办法挂上去的，即先拥土起钟，挂钟于梁后，再去修阁，其工程之费力，可想而知。更何况隆国殿前的红砂石围栏，御碑亭内洪熙、宣德年的高大石碑，在没有电力机械运输能力的明代，全凭人力、畜力搬运到寺。民间传闻修瞿昙寺时累死了许多民众，有的藏族妇女挤牛奶时“睡过

去了”,再也未能醒转。瞿昙寺北侧佃户村西山根有“石垒碑”者，据传就是当年累死民众的归葬地，历史上瞿昙寺的寺僧们每逢佳节，都去“石垒碑”上浇白石灰水，以示悼念。

岁月悠悠，留在瞿昙寺画廊北侧的墙面上有一幅与释迦牟尼本生传关联不大的《深山朝佛图》，当年的画家描绘的青山绿水间，一位藏族牵着一头牦牛，手提一罐，牦牛后还有一青年背负一桶，牦牛驮着重物，一位俗人列于三位僧人之侧引路，高山之间一位尊者打坐，前置桌瓶，后有侍童，那是一幅叫人思绪万千的画面：深山朝佛，那佛又是谁呢？还请后来者明察。至少当年的僧俗民众为自在修行的尊者（包括建文帝）给予了瞿昙寺御制碑文所要求的那些，“所在官员军民诸色人等，务要各起信心，尊崇其教，听从本寺僧人自在修行，为朝廷祈祝，所有佃户人等，供给寺内一应使用”。

瞿昙寺地区流传至今的民谚云：“瞿昙寺的钟响，化隆的马惊！”还有一则民谚云：“走了瞿昙寺，北京再耍去！”个中的文史内涵，请读者诸君自行感悟。

第四辑 瞿昙寺文化艺术巡礼

第一节 瞿昙寺的建筑艺术

一、瞿昙寺的建筑美学

中国传统建筑美学的最高境界就是把自然景观和人文景观有机结合，层次分明，虚实相间，布置得宛若一幅但闻晨钟暮鼓人语声的中国山水画。以瞿昙寺本身为中心，依山水而建，建筑物均衡对称、错落有致。随着季节的变化，寺院的风景也随之变换，或青山绿水，或白雪皑皑，或晚霞满天，或五色朝阳，给古朴苍劲的寺院配上了一幅合适的背景画面，也赋予了它不同的审美意境。

由于瞿昙寺与照山、靠山在一条中轴线上，而寺院内部也是以中轴线贯穿，左右对称，三进院落层层推进，给人以步步生莲、内心澄净的视觉感受；前院疏朗肃穆，树丛掩映中双亭如燕翅对峙，给人闲庭信步的优雅情致；中院建筑密集，承前启后，宝塔与殿堂交相辉映；后院高潮突现，隆国殿气势如虹，整体形成了一笔起伏变幻、层次分明、渐入佳境的建筑华彩。

二、瓦当滴水

瞿昙寺的瓦当滴水共有20多种，做工精良。早期瓦当滴水尺寸大，图案选用佛像、佛八宝和梵文。把佛像瓦当、海螺滴水、金刚杵佛像瓦当、莲花滴水和梵文瓦当滴水交错布置，片瓦皆文物。当地将连接宝光殿和隆国殿的南北对称的画廊称作“七十二间走水厅”，顾名思义，瞿昙寺坐落在寺坡山前，三大殿宇院落由高到低，形成“水往低处流”之势，朝圣者从前山门入寺又是“人往高处走”之态。寺内从不积水，水皆从善道流入寺前的河水中，古代建筑师对雨水流向的处理独具匠心。

三、巧妙布局

瞿昙寺靠山形如“青龙垂首”，照山“弥勒望河”，中有“药台流泉”，一静一动，于动静之中显现肃穆与灵动。三院三殿为中心，出入有中间，左右门与侧门，环形绕寺路面，外部城墙、城门，自成一统。前山门内左右御碑亭，亭高耸立，种以旃檀名木，于幽静中挺立高碑，金刚殿一带过厅，进厅悬以“独尊”陡匾，匾文榜书气势，屋里前景，门楣内含“将军坐帐”之形。

中院左右禅房，间以四座佛塔，前有瞿昙寺殿，后有宝光殿，瞿昙寺殿内檐上方悬挂朱洪武帝红底金书寺额，默默宣告着瞿昙寺辉煌的历史。宝光殿又自成一体，砖雕、木雕各具风韵。殿宇左右两侧的前钟鼓楼拟作陪衬，又不失风度。

循着殿左侧的回廊拾级而上，观赏着“佛法无边”的画面，人们各自遐想，步入后院，眼前豁然开朗：高大的红砂石围栏一方台地，从回廊、台阶皆可步入隆国殿前，那壁画、那抄手、那紫色巨柱、那高耸的后钟鼓楼的建筑风格，让人目不暇接、思绪万千。

四、皇家风范

宝光内敛的宝光殿俗称中殿，竣工于永乐十六年(1418)，明成祖赐名“宝光殿”。民国二十三年(1934)曾进行过一次修葺。宝光殿的规模大于瞿昙寺殿而小于隆国殿。瞿昙寺殿、宝光殿和隆国殿的修建时间分别为洪武二十五年、永乐十六年和宣德二年，正好经历了明代五个皇帝，历时三十六年。国内建筑学专家在对瞿昙寺建筑艺术所做的调查报告中指出，宝光殿“前檐的老檐和额枋上还保留着一些建筑彩画，画着疏朗流畅的旋子花纹，全部以石绿色为主，搁墨线，勾白粉，间以樟丹和点缀，色调鲜明雅丽，从风格来看，较钟鼓楼彩画的时期还要早一些，可能

是永乐年间绘制的，值得珍视”。历经约 590 年，宝光殿彩画的颜色还是那样鲜艳，足以彰显我国古代绘画艺术家们运用石色的水平是很高超的。

宝光殿殿门外原有煨炉一个，高一尺九寸，口宽一尺六寸，明宣德年间所施。殿内玉石莲台上供有释迦牟尼铜像一尊，高三尺七寸五分，周围四丈。还有宣德年间的大铜灯两个：一高

三尺二寸，口宽四尺；一高一尺五寸，口宽三尺二寸，玉石底座二尺四寸。镀金花瓶一对，也是宣德年间所施，高二尺一寸。另有永乐年间的铜莲花三十茎，大理石底座，高二尺一寸，制作美观，技艺精巧。还有镀金香炉一个，也是永乐年间所施，高二尺，口宽一尺二寸，大理石底座高二尺三寸五分。这些古物现在只剩一大三小的大理石底座四个。仔细看去，光滑如镜的大理石座面上镌有汉、梵、藏三体合璧的“大明永乐年施”的字样。

希冀隆国的隆国殿俗称大殿，和瞿昙寺殿、宝光殿在同一条中轴线上；以这三座殿的前后顺序分，又叫后殿。隆国殿竣工于宣德二年，是整个瞿昙寺建筑中最富丽堂皇的一座殿宇，占地面积 912 平方米，屹立在全寺最高处一个宽大的台基上，前面伸出月台一方，月台左右各设踏跺九级，四面绕以红砂石栏杆。建筑学专家说那石栏杆“望柱头雕作宝珠，扶手下面雕荷叶净瓶，栏板部分仅浅雕海棠池子，不雕花饰。望柱和栏板比例拙壮，雄浑庄重”。又说隆国殿的四抹隔扇上木雕的簇六雪花纹，“透剔玲珑，十分精细；裙版部分剔地起雕三幅云纹，婉转丰满，朴素大方”。在谈到这一建筑艺术的渊源时，认为“这一组隔扇与北京明长陵陵恩殿的外檐装修，在形制和权衡比例上可谓同出一范，但是它的雕作工艺却比长陵大殿的装修更加精致，而与北京明正统智化寺如来殿的隔扇可相媲美，是明代小本作中的杰作”。建筑学专家们对瞿昙寺的建筑学艺术给予很高的评价。

《西宁府续志》“山川”条载瞿昙寺名泉“瞿昙池”：“瞿昙池——在瞿昙寺永乐殿内，相传西域喇嘛由海心山率徒至斯池，饮马遗其鞭。番僧三剌建刹焉。”

这里所说的“永乐殿”就是隆国殿，“番僧三剌”就是三罗喇嘛。所谓“建刹”，当是瞿昙寺前殿，不是隆国殿。因为宣德二年建成隆国殿时三罗喇嘛已经去世 13 年了。当地民间相传：最早相地面势的人（当是三罗喇嘛）来到瞿昙寺隆国殿现址，见有清泉一池，饮水时忘了拐杖，回头找拐杖时，已经长在泉边，便认定这是一块好地方，不再走了。据说拐杖长成一棵树，就是现在隆国殿内的“珍珠树”,那清泉就是隆国殿内的“瞿昙池”。这个传说与《西宁府续志》所载略同，只是将马鞭说成拐杖。

其实“珍珠树”是旃檀木，高约三丈，顶端罩有铜帽，中间镶有沉香木一尺二寸，上有铜牌一块，镌有“大明宣德年施”字样。瞿昙寺内宣德年间的器物多与佛教有关，但为什么明宣宗还要送一株红旃檀木呢？时隔 500 余年，其中原由已不大了然。不过这株旃檀木却被后来的善男信女们奉为神树，称之为“珍珠树”，上面挂满了丝线、童鞋，人们祈求子孙繁衍兴旺，生生不息，国泰民安。

古代高明的建筑家们绝妙地利用了当时的地形特征，在“瞿昙池”上建起一座雄伟壮丽的隆国殿。那“瞿昙池”上面又盖了“泉神堂”，堂高九尺一寸，带座四层，真是寺内有殿，殿内有堂。僧人们从“瞿昙池”取净水供佛，被传为美谈。将一池清泉囊括在一座宏大的殿宇中，这座殿宇距今 500 余年而地基无损，这不是古代建筑史上的奇迹吗？当地民间传说整个瞿昙寺建筑群内没有一处出水洞，说是寺内有“闭水珠”云云。我想，这仍然应该从该殿的建筑艺术中去寻求原因：第一，隆国殿建在全寺最高的平台上，形成了“水往低处流”的地理位置；第二，隆国殿两侧建有很长的厢廊，厢廊从后院到中院顺斜坡而下，形成水流渠道的地势。而且，当地群众称两厢廊为“七十二间走水厅”，不正说明地下有暗水道吗？第三，在寺外瞿昙河边有一处清泉，相传与寺内“瞿昙池”相通。这些情况聊备一说，以便研究瞿昙寺建筑艺术的专家们参考。

过去隆国殿内的供器很多，琳琅满目，不胜枚举，有皇帝万万岁牌，有重达 1800 斤的金光大菩萨佛像，有雕有莲瓣和卷草纹的须弥座，被专家们认为“比例适度，轮廓线条遒劲有力”，雕刻很精致，“是一份极可珍贵的石雕”。还有嘉庆年间的青铜磬和造型十分优美的象背鼓。所有这些都是不可多得的珍贵文物。

隆国殿顶层外檐高悬陡匾一方，金书“隆国殿”三个字，

明宣德二年立。殿门上方正中悬横匾一块，上书“佛威振虏”四个字，落款有“崇祯元年钦差巡抚张立”。该匾左右分排横匾三块，分别是崇祯六年“钦差平羌将军张显谟”立的“西来正觉”匾，清康熙辛丑年（即康熙六年）立的“东土传灯”匾，清乾隆丁卯年（即乾隆十二年）岷州正堂徐志丙立的“智种般若”匾。这些都是瞿昙寺历史研究者、书法爱好者所喜爱的文物。

第二节 藏传佛教噶举派的修炼生涯

在青藏高原长期传播的过程中打上地域文化的印记，并向其他地区传播的佛教流派，被称作藏传佛教。由于用藏语言文字传播佛教，并作藏语系佛教。我国历史上的宋元时期，藏传佛教诸派纷起，噶举派即是藏传佛教教派之一。瞿昙寺开创高僧三罗喇嘛史称噶玛哇·桑杰扎西，是藏传佛教噶举派噶玛噶举支派的一位高僧大德。他不仅在青海湖海心山长期修炼，创建瞿昙寺后，仍然在瞿昙寺附近的官隆古洞继续他的修行生涯，他有许多追随者，被称为“岩师徒”。时过 600 多年，三罗喇嘛及其追随者们修炼生涯的心路历程，对今人有何启示，我们不妨一探究竟。

噶举派，因口传教法而得名。噶举派注重密法的修炼，并以口耳相传。这一教派的传承谱系有“四大八小”之说，噶玛噶举是塔布噶举中的“四大”之一。这一教派最著名的创始祖师为玛尔巴上师和米拉日巴上师。

一、玛尔巴上师

玛尔巴（1012—1097），法名曲吉乐哲，出生于今西藏山南洛扎县的卓俄隆。他自小学习梵文,学习密教的“喜金刚”“密集金刚”“大手印”法，并从事梵藏文字翻译，史称玛尔巴译师。

二、米拉日巴上师

玛尔巴上师将他的教法传授给了他的主要门徒米拉日巴（1040—1123）。米拉日巴出生于今西藏吉隆县北部的贡塘地方，属琼波家族，他的祖父因从事巫术，被称为“米拉氏”。米拉日巴 7 岁时因父亲去世，他的本家伯父霸占米拉家产，米拉日巴和母亲、妹妹过着极端贫困的生活。意志坚强的母亲在米拉日巴年满 15 周岁时向其远房伯父索要家产未果的情况下，决意送米拉日巴从玛尔巴上师学习“法术”，以报复其伯父。米拉日巴在玛尔巴门下以苦力磨练意志，最终从玛尔巴上师尊前学到了“拙火定”之法，以自身抵御寒冷侵袭，世称日巴，意为身穿自然布衣者。米拉日巴将他苦难的身世告诉他的门徒热琼巴，热琼巴及其传承者整理成《米拉日巴传及其十万道歌》传世。

三、塔布拉杰上师

米拉日巴的另一位门徒塔布拉杰，法名索南仁钦，出生于西藏塔布地方的尼氏家族，他经过求师问道，形成以“大手印”为主的教法体系，并精于医道，创立塔布噶举派。塔布噶举又发展成帕竹噶举、蔡巴噶举、拔戎噶举和噶玛噶举四大支派。

四、噶玛噶举的传承与活佛转世

噶玛噶举作为塔布噶举传承的四大支派之一，创造者是塔布拉杰的门徒都松钦巴（1110—1193），法名曲吉智华，出生于康区哲雪地方，师从塔布拉杰学习“拙火定”法并博闻广采，于公元1147年（我国历史上的南宋时期）在康区类乌齐修建噶玛丹萨寺，噶玛噶举由此寺而得名。

噶玛噶举支派又分为黑帽系和红帽系两个支系。黑帽系高僧噶玛拔希（1204—1283），法名曲吉喇嘛，藏传佛教史上将都松钦巴和噶玛拔希认定为活佛转世之始。

五、三罗喇嘛的修炼生涯

瞿昙寺内现存的“永乐敕谕碑”立于明永乐六年（1408）五月十六日。碑文中有这样几句话可以说明创建瞿昙寺的缘起：“喇嘛三罗，葳扬佛法，忠顺朝廷，我皇考太祖高皇帝特赐其所居寺额曰瞿昙。”

这与《明史稿》(列传第二百三、西域二)的记载相一致：“初，西宁番僧三剌为书招降罕东诸部，又建佛刹于碾伯南川以居其众。至是来朝贡马请敕护持赐寺额，帝从所请，赐额曰瞿昙寺。因立西宁僧纲司，以三剌为都纲。又立河州番汉二僧纲司，并以番僧为之，给以符契。”

《明史稿》还进一步指出：“罕东卫在赤斤蒙古南，嘉峪关西南，汉敦煌郡地也。洪武二十五年凉国公蓝玉追逃寇祁者孙至罕东地，其部众多窜徙，西宁番僧三剌为书招之，遂相继来归。”这说明三罗喇嘛在当时的罕东各藏族部族中享有很高的声望。罕东诸部民众当时不了解明王朝讨伐征战的内幕，纷纷逃避，三罗喇嘛写信让那些部族安定下来，并归顺明朝。这使明王朝清楚地认识到宗教上层人物在信教群众中所起的重要作用。所以明太祖朱元璋亲自为三罗喇嘛赐寺额，这不是没有缘由的。

这一历史渊源，三罗喇嘛的后代侄徒们也有所追溯。清顺治八年(1651)七月，瞿昙寺二国师公葛丹净和扎失欢着儿在给清王朝的亲供底册中奏称："始师祖三罗喇嘛，法名桑儿加查实，在西宁日竺隆沟起盖佛寺壹所，明季洪武年间奏蒙礼部颁给榜文钦赐寺名瞿昙寺。”从以上史料中可以看出，“三剌”与“三罗”同属一人，三罗喇嘛就是瞿昙寺开创僧。《蒙藏佛教史》的

作者将“三剌”误作“三罗”，进而想当然地将《明史稿》中“西宁番僧三剌为书招降罕东诸部”句改成“西宁番僧三次为书招降罕东诸部”，这就把三罗喇嘛的名字一笔勾销了不说，还使以后引用资料者也一误再误，我们借此机会一并加以纠正。这里所说的“日竺隆沟”，

是汉藏合璧的地名，即今天瞿昙寺所在的山沟名。日竺隆，藏语意为“苦修僧沟”，瞿昙寺建成后称为寺沟。

三罗喇嘛早年离开家乡，曾在今青海省境内的青海湖海心山长期修炼，世称“海喇嘛桑杰扎西”，藏文典籍《安多政教史》中称他为“大成就者海心仙人”。清代藏族学者土观·却吉尼玛在他的著述中解释：“汉语管‘搭’叫‘海’，海喇嘛由此得名。”由此可知，三罗喇嘛虽然在青海湖海心山修炼，却也往返于青海与中原之间，所以在汉族地区颇具影响力。“海喇嘛”之称，也因为三罗喇嘛将青海湖作为他的寄魂之湖。古人将青海湖微观作海，古称青海湖为鲜海、卑禾羌海、西海华，直到近现代宏观为湖。

三罗喇嘛于洪武年间，由于河套蒙古部族入驻青海湖流域，不得不率其部族迁移至今青海东部拉脊山北麓一带，“建佛刹于碾伯南川以居其众”，他自己仍在瞿昙寺附近的官隆古洞继续修炼。

那么，三罗喇嘛康承噶玛噶举修炼，今人作何理解呢？

我们先从三罗喇嘛在瞿昙寺附近的官隆古洞修炼生涯中做一些探讨：从瞿昙寺往南不到五华里的瞿昙中河西岸，有村名叫“官隆湾”，官隆，藏语音译，意为“寺沟”。官隆古洞就在官隆湾村后面一条狭窄而又僻静的山谷的半崖上，远远望去，悬崖古洞，向阳避风，是一个幽静的去处。三罗喇嘛和他的追随者被称为“岩师徒”在官隆古洞修炼，《西宁府新志》“山川”条下记载“瞿昙三洞”：“在县西三十二里山半，俗称之马圈沟山。绝壁无阶，瞿昙寺僧凿石盘折而上，下临瞿昙河，北流注于河水。沿河有高柳四十余株，鸟声断续。炎夏至此，冷然善也。”

“瞿昙三洞”除官隆古洞，另

有隆国洞、莲花洞，唯官隆古洞就在瞿昙寺附近，笔者曾攀登该洞，先后做过两次实地踏勘：古洞比一间房子稍大一点儿，坐西面东。洞口砌起一面土墙，抹以草泥，不知何年所为。洞壁为砂石屋，大约为防砂石剥落，也抹以红泥。墙壁间有凹形台龛，是置物、供佛处还是另有别用，亦不得而知。出洞门，人在半山中，极目远望，青山、村落尽在苍茫中。夏日，洞周野葱花开，点点红绒；足下峭壁千仞，莫敢俯视。

洞左首约一箭之地，有半崖间人工开凿的路径，约三尺宽。再往左，路被山洪冲断，形成崖坎。在一条水平线上又有一石洞，当地村民称作“厨房子”，大约是古代修行者们生火做饭之所。瞿昙寺所在的山沟古称“日竺隆沟”，意为“苦修者沟”，令人值得深思：古人于僻静的山林苦修身心，他们的世界观和方法论，与他们所处的时代息息相关。前述的明代初期叔侄之间的皇权之争，建文帝逃亡后的归隐生涯；三罗喇嘛及其部族弃牧从农、建佛堂以求皇家护佑，卓仓七条沟的汉藏民众所经历的时代风云，官隆古洞作为佛门修行静房，给人以诸多感慨，笔者因之作句曰：

古洞悬崖六百年，
真修仙人总不还；
有道深山求乐土，
只为世间泪斑斑。

坡间有鸟啼不住，
世事沧海度良田；
此地夏日结伴游，
喜看麦浪连远山。

第三节 瞿昙寺画廊览胜

著名的瞿昙寺壁画是顺着依山而建的走廊完成的，壁画整体面积为920平方米。曲廊回环，飞檐壁画，当地老百姓俗称“七十二间走水厅”。

漫步在走水厅中，仿佛步入一条恢弘的艺术长廊。凝视画面，思绪纷飞，几百年的风风雨雨一晃就过去了，如白驹过隙。我们留不住时光，而平凡的古代画工却将这扑朔迷离的宗教典故凝固在墙壁上。

望着眼前的壁画，依旧鲜艳如故，大多采用青、绿、白色的矿物颜料作画，壁画的整体基调为柔和的绿色，让人宛若置身于无边的碧色柔波中，十分养眼。七十二间走水厅连起的壁画就像一册精美的连环画，拾级而上，移步换景，行走在深邃的长廊里，轻风拂面，让人顿时忘却尘世的喧闹。据史载，一天，释迦牟尼盘坐在一棵根深叶茂的菩提树下，闭目沉思，灵光一现，醍醐灌顶，终于悟道了，于是取恒河水净面，顿觉神清气爽，得四法印："诸行无常，诸法无我，有漏皆苦，涅槃寂静。"而后广为传法，解释当时的社会问题和人生苦难，直到他80岁圆寂，对后人影响深远。这七十二间走水厅是由明、清两代画师共同完成的。明代画师不明就理，没有按照藏传佛教凡

事顺时的道理，从右侧画廊起逆时针方向提笔作画，作画时又加入了自己的理解和想象，掺入中原风土人情、衣饰风格，可以说是用理想主义加上浪漫主义的笔法，完成了这部巨型壁画，整个壁画由不同的故事构成，不同的画面之间用大朵祥云相连，足见匠心独运，这样一来，既打破了呆板的故事间隔痕迹，又使画面充满了色调鲜明的浪漫情感，给人一种飘然直上九霄的艺术享受。

我们不妨按照年代顺序，先讲明代壁画：右起第一幅图说的是释迦降凡，天上九龙吐水沐金身的故事。这幅精美绝伦的壁画还含有“唯我独尊”的典故。放眼画面，风格清新，笔触细腻，整体背景为青绿色。加上画面中央的圆形金色光芒，显

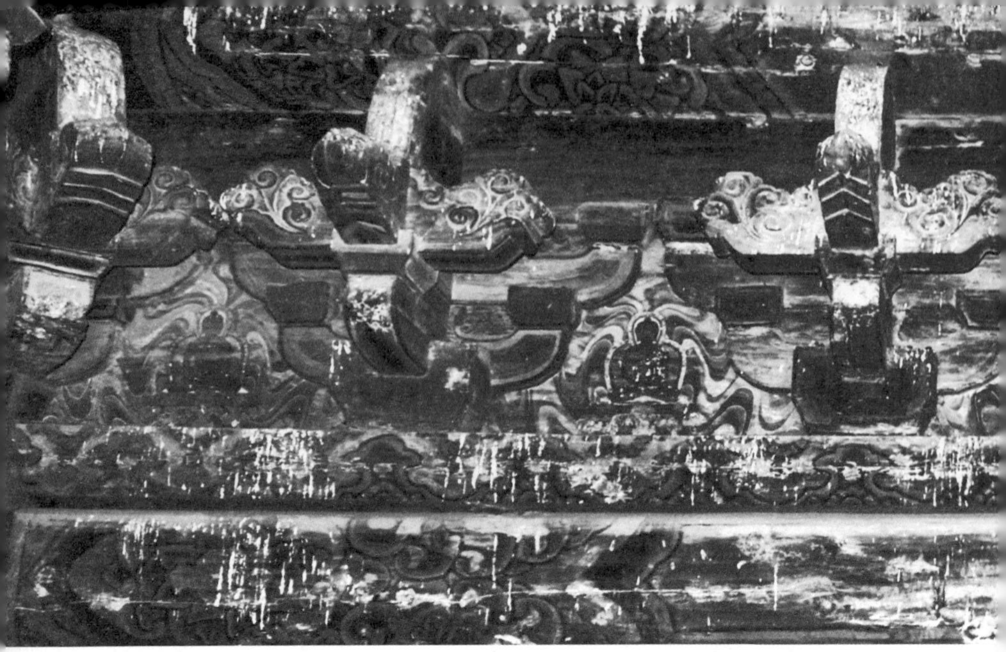

得金碧辉煌、端凝富丽。只见净饭王太子站立在浴盆当中，右手指天，左手指地，两侧半跪着两个宫娥，释迦身后金光四射，两侧站立着威猛雄壮的四大金刚。孔雀闲庭信步，九条金龙齐现云端吐水沐浴释迦金身，龙身在云雾中时隐时现，真是“神龙见首不见尾”。左侧云头立着手执旗幡的仙人，云端深处仿佛传来阵阵鼓乐，传达着一种欢乐吉祥的气氛。画中宫娥、天将等形象逼真，色泽分明，衣袂、飘带迎风招展，具有很高的艺术造诣。

沿着《九龙沐金身图》往里走，便是《深山朝佛图》了。此图一个显著特点便是在云彩的处理技术上有着巧妙的运用。只用青、绿、白、蓝几样简单的颜色表现出千变万化的云彩，既在有限的空间内表现出群山的巍峨深幽，又营造出一种行云流水般的出坐之情，有一种“去留无意，望天上云卷云舒”的情感寄托其中。《深山朝佛图》表现的是信徒远道而来拜见活佛的场面，这在国内本身故事的壁画中是绝无仅有的。这幅图充满了生活气息：只见年轻的活佛盘膝而坐，身旁有一蓝衣弟

子服侍。远道而来的信徒正在向路人问路，其余二人一个牵着黑牦牛，牛背上驮着炒面褡裢，右手提着罐子；后者背负一罐，步履沉重而缓慢。从三人的神态、步伐、衣着、举止可以看出是千里迢迢远道而来的藏族信徒，体现了他们虔诚的宗教信仰和对活佛在深山苦修的敬仰之情。同时也从侧面反映了明清时期藏传佛教的活佛生涯，可用唐贞观诗僧寒山的一首诗来形容：

杳杳寒山道，落落冷涧滨。
啾啾常有鸟，寂寂更无人。
淅淅风吹面，纷纷雪积身。
朝朝不见日，岁岁不知春。

高山深壑，最见心志。在这幽静的深山里修行，必有超然物外的心境。山中无岁月，真正是“山僧不解数甲子，一叶落知天下秋”啊。究竟需要多大的定力，才耐得住这幽冷寂廖的岁月，身处纷扰不断红尘的凡夫俗子是永远不可知的。

此外，画师对山、石、水、云、草、木无一不重墨渲染、精工细制的，在人物的表现上却勾弦提要，寥寥数笔就尽得神韵，把旅人的倦色、僧人的静穆表现得入木三分。而在藏族信徒的服饰和藏传佛教僧侣的着装上也体现了画师深厚的生活功底，同时给后人留下了珍贵的历史资料。

继续前行，画的却是一个谜：只见几个大臣在拜鼓，此鼓并非瞿昙寺有名的石雕象背鼓，而是一面发出五彩光芒的鼓，可是，为何有朝廷重臣俯首叩拜呢？让人十分费解，这拜鼓暗含着什么，不得而知。

我们带着疑问前行，只见画面出现漫天洪水，铺天盖地而来的景象。此画象征佛家所说苦海无涯，佛法普度众生，拯救黎民于水火之中，佛家用大乘在汪洋中搭救起有缘人，使其脱

离苦海的意境。从绘画艺术角度来看，画家画水有“死水”“活水”的区别，一切艺术作品，不但要求形似，而且要求神似，此画巨浪滔天，与山石曲折，随物赋形，尽水之变。作输泻跳蹙之势，汹汹欲崩屋也。而今站在这高堂素壁之前，凝望壁画片刻，即阴风袭人，毛发为立。的确，高超的绘画艺术表现力是穿透人心的，一下子就能抓住观者的心灵。水若被画活了，炎炎夏日往这走廊里一站，清凉之意顿时就会沁上心头。

看完右厢画，我们回到左廊壁画，这边的壁画乃是清代孙克恭等人完成的。孙克恭出身佛门，人称孙喇嘛，按照藏传佛教格鲁派的仪轨，应按顺时针作画。于是孙喇嘛按照从左往右顺时针方向展开画卷。由于明代画师在右厢廊已完成了释迦牟尼降凡等，孙喇嘛便从“斗法”开始描述释迦牟尼之不同凡响。由于画师生于清代，又是佛门弟子，早就了解了佛教前弘期的顿渐之争、佛本之争这段历史，同时加入个人理解，就是左廊第一幅图《正邪斗法图》。相传释迦牟尼有“十二般好”，从小与众不同，超凡脱俗，及至长大后弘扬佛法，又遇到重重困难，如图中所绘：释迦牟尼在山顶上放置一宝瓶，释氏端坐云端，雷震子鼓锣助阵。张牙舞爪的邪魔外道用绳子费了九牛二虎之力拉宝瓶，宝瓶却纹丝不动；又用天平称释迦牟尼，却根本称不起来，显示了释迦牟尼法力无边、深不可测。

再往里走，便是《佛祖涅槃图》。画面表现了两种不同的气氛：一方面是释迦涅槃，其八大弟子伤心欲绝，掩面而泣，一旁的护法神也无力地跌坐在地上，沉默无语，就连那只小狮子狗也静静地趴在地上，气氛悲凉至极；而另一方面，只见半空的五彩祥云中，伴着仙乐飘飘，佛祖慈祥微笑，涅槃对佛来说是一种愉快的过渡，真正“纵一苇之所如，凌万顷之茫然。浩浩乎如冯虚御风，而不知其所止；飘飘乎如遗世独立，羽化而登仙”。一悲一喜，表现了佛家与俗家对生与死的态度。在左厢廊临近大殿的墙壁上，画师有意画一屏风，细看之下，隐约可见“甘肃平凉孙克恭及其子弟”的题名。相较明代壁画的无名氏，弥补了瞿昙寺少有古人题壁的遗憾。

第四节　瞿昙寺历史的新篇章

瞿昙寺历经600多年的风雨，进入新时代以来，尤其是改革开放后，在中国共产党的宗教政策指引下，我国各族人民群众将宗教信仰变成了个人的私事，信教和不信教，信哪种宗教或哪种教派都由个人选择，而瞿昙寺地区的各族人民群众在从事农牧业生产过程中，注重文化教育，过着新时代的新生活。

一、瞿昙寺作为国务院重点文物保护单位，现存不可移动文物和可移动文物受到政府保护

政府斥资对瞿昙寺古建筑做了维修，瞿昙寺周边地区的基础设施整修一新，对核心保护区的建设项目严厉控制，从碾伯镇到瞿昙寺的公路等级不断提高，目前到瞿昙寺地区的高速公

路正在修建中。区政府和私人投资在瞿昙寺后山和照山植树造林，周边环境也在绿化、美化之中。针对瞿昙寺的古代建筑物，有关单位和个人出版图书,发表了相关的研究资料。2016年7月，央视10频道播放了“探索与发现”栏目的《瞿昙寺之谜》纪录片，瞿昙寺的历史沿革受到广大观众的热切关注。

改革开放以来，瞿昙寺可移动文物受到政府保护，青海省博物馆馆藏瞿昙寺文物90余件。散见于民间的文物包括法器、七星擂花宝刀也已收回国有。目前乐都区政府在瞿昙寺周边修建瞿昙寺博物馆，将会展出瞿昙寺历史文化方面更丰富的文物。

二、瞿昙寺地区已成为省级名胜古迹保护区，已通过保护方案

瞿昙寺及其周边地区，包括雪山、森林、古村落、农牧相间的生产生活方式，都与名胜古迹这一名称相符合，国家倡导绿水青山就是金山银山和不忘乡愁的理念，保护自然生态和人文生态还是体现这种理念的最好措施。

目前正在修建一条从县城通往瞿昙寺的高速公路，瞿昙寺周边环境也在整治之中，寺坡、漫洼等投资植树造林，药草台寺附近的森林受到保护，亲仁乡和瞿昙乡合二为一，成立了瞿昙镇，镇政府也努力领导全镇各族人民走上脱贫致富的道路，瞿昙寺正在开启历史的新篇章。

三、瞿昙寺已成为青海主要的旅游景区

瞿昙寺及其八景正在成为休闲旅游之地，人们在良好的自然环境和人文环境中受到优良传统文化的熏陶。一部瞿昙寺的历史沿革使人们了解到我国西北地区的明清边政历程；瞿昙寺地区汉藏民族团结奋进的历史正是青海建设民族团结进步先行

区的借鉴；当地农村所经历的巨大变化是市场经济条件下农村社会的写照。

总之，高原小故宫瞿昙寺及其周边地区正迈步在与新时代合拍的大道上。

后　记

《高原小故宫·瞿昙寺》从瞿昙寺的山川风貌及其八景、考古遗存、历史沿革以及建文帝逃亡之谜、瞿昙寺文化艺术巡礼、藏传佛教噶举派上师们的修炼生涯、瞿昙寺画廊览胜等内容向广大读者做一介绍。

详情还请读者诸君和广大旅游者亲自体味。本书在青海人民出版社编辑成国仙的敦促下得以完稿，特致谢意。